ウクライナ侵攻後の世界経済

インフレと金融マーケットの行方

戸田裕大
Yudai Toda

JN083180

はじめに

本書は日々、外国為替マーケットを通じて世界情勢を見ている著者が、ロシアによるウクライナ軍事侵攻（以後、ウクライナ侵攻と記載）に関して情報を整理し、現在行われている経済制裁がロシアや中国、また先進各国に与える影響を考察するものです。またその中でアメリカや中国など大国が果たしていく役割を推測し、将来の世界経済、金融マーケットのシナリオを提示します。

特徴は3点あります。

1点目はフェアな情報を伝えることです。

いま世の中は本当にたくさんの情報であふれかえっていますが、玉石混交とでも言いますか、むしろ圧倒的に石の情報が多いのです。金融マーケットを見ているものとしてできるだけ正確な情報ソースにあたり、データをもとに説明するとともに、自分が実際に足を運んで得た情報を示します。

2点目はウクライナ侵攻が与える経済や金融面への影響を、外国為替に長年携わるものとして考察することです。

国際政治や軍事に関する情報はその分野の専門家の方により、日々テレビ等のメディアで伝えられていますが、一方で金融経済への影響にフォーカスした情報は少ないのではないかと考えました。本書ではウクライナ侵攻が起こったことで、世界経済や金融マーケットにどのような影響を与えるのか、この点を中心に考察していきます。

3点目はグローバル＋チャイナの視点です。

2020年、英フィナンシャル・タイムズによるエグゼクティブ向け経営学修士部門世界ランキング2位の中欧国際工商学院《CEIBS》（China Europe International Business School：通称シーブス）、そのGEMBA（Global Executive Master of Business Administration：エグゼクティブ向け経営学修士）プログラム等を通じて世界30か国を訪問し、かつ三井住友銀行の上海支店を拠点に中国全土を4年間飛び回った筆者が、世界と中国の二つの視点から、ウクライナ侵攻の影響を考えていきます。

また近年の政治の最大の注目点である米中対立にも言及していきます。

外国為替ディーラーとして銀行の運用を行っていた経験や、地域金融機関の運用アドバイザーを担当していたことから、金融にあまりなじみのない人が資産形成や投資に取り組む意義や考え方についても最終章で書き記しています。

なお著者はウクライナ侵攻の政治的背景等については2次文献にあたっているに過ぎず、諸説を適切に判断する力を持たないので、あくまでもさまざまな可能性を想起するだけで断定的な結論を出すことを避けます。

本書が読者のみなさんのお役に立てば幸いです。

ウクライナ侵攻後の世界経済と金融マーケット◎目次

第二章 資源高とインフレ

第三章　通貨と為替と国力

※本書で紹介しているデータや情報は特別な表記がない限り、2022年5月16日現在のものです。**本書では「米国ドル」のことを単純に「ドル」と記載する場面があります**。また、本書は投資にも役立つ情報を記載していますが、あらゆる意思決定、最終判断はご自身の責任において行われるようお願いいたします。ご自身の投資で損害が発生した場合、株式会社扶桑社および著者は一切、責任を負いません。**また、本書の内容については正確を期すよう万全の努力を払っておりますが、同年5月16日以降に諸外国の外交・政治・経済状況が大きく変化した場合、その変化は反映されていません**。上記、どうかご了承ください。

プロローグ

2022年2月21日、ロシアのプーチン大統領がウクライナ東部の領土内にある「ドネツク人民共和国」と「ルガンスク人民共和国」の独立を承認し、またその領地において、ロシア軍が軍事基地の建設・使用を可能になる「友好協力相互支援協定」に署名しました。

この二つの共和国を守るという口実で、ロシアがウクライナに侵攻するかもしれない。このような懸念がすぐに世界中に広がりました。

それから間もなく資源価格が高騰し、株式市場が暴落するなど、金融マーケットは不穏な空気に包まれました。金融マーケットは常に将来の出来事を想定して動くので、ウクライナ侵攻の可能性を急速に織り込みにいったのだと思います。

そして同年2月24日、ロシアがウクライナに侵攻を開始し戦争が始まりました。

ロシアが過去に起こした2008年の南オセチア紛争（ジョージアの南オセチア自治州で独立の動きが活発化し、その動きを支援するロシアとグルジアの間で紛争が起こった）はおよそ5日間で停戦を迎え、また2014年のクリミア併合（ウクライナのクリミア自治共和国およびセヴァストーポリ特別市のロシア連邦への併合。2014年のウクライナにおける政変で親ロシアのヤヌコーヴィチ政権が崩壊し親欧米の暫定政権が発足したことにクリミア住民の一部が抗議し、親政権派と衝突したことに端を発する）はロシアが武力をちらつかせながらも形式的には住民投票で行われました。ウクライナとロシアの戦力差も大きく、今回もここまで大きな戦火を交えることになると予想した人は当初、少なかったように思います。

ところがウクライナはゼレンスキー大統領の強力なリーダーシップのもと、徹底抗戦の構えを示しました。

大統領がその補佐官と共に「我々は逃げも隠れもせずにキーウにいる」とした動画が大統領のツイッターアカウントから投稿され、ウクライナ国民と世界中の方から絶大な支持を得ました。またこの動画を含め、ゼレンスキー大統領のSNS投稿は世界中に大きな影響を与え続けています。

後方から指示を出す、いわゆる「ボス」としてのプーチン大統領と、自ら前面に立って戦う「リーダー」としてのゼレンスキー大統領の立ち居振る舞いが対照的だったことも、ウクライナが国際社会から多くの支持を得た要因だったように思います。

世論が一気にウクライナ支持へと傾いたことで、ＥＵ（European Union、欧州連合条約に基づく、経済通貨同盟、共通外交・安全保障政策、警察・刑事司法協力等のより幅広い分野での協力を進めている政治・経済統合体）やファイブアイズ（機密情報共有の枠組みで、イギリス、アメリカ、カナダ、オーストラリア、ニュージーランドの5か国が加盟していることからファイブアイズと呼ばれる）、日本と韓国の政府がウクライナ支援のために強力な制裁を打ち出しました。後ほど詳しく説明しますが、金融や貿易、兵器の支援など、直接的な派兵を除くさまざまな間接的なウクライナへの支援策が採用されました。

また戦前の予想に反してウクライナ軍および義勇兵は奮戦し、5月15日現在、首都キーウやハリコフ等の主要都市でロシアの侵攻を防いでいます。第三次世界大戦を恐れる世界各国は、ウクライナへの派兵にまでは踏み込みませんでしたが、長年「紛争地に武器を送らない」としてきたドイツやスウェーデンが方針を転換して武器の供与に乗り出すなど、多くの間接的な支援を受けてウクライナは今も戦いを続けています。

ウクライナから見た戦況は拮抗しているようにも見えますが、港湾都市のマリウポリを掌握されるなど、徐々に追い込まれているようにも感じます。第三国が仲裁に入るなど、一刻も早く戦争が終結することを切に望むばかりです。

また今回のウクライナ侵攻を受けて、自国の安全保障を見直す動きが各国に広まっています。ドイツのショルツ首相は例年GDPの1・5%程度だった国防費を2・0%以上に引き上げることを表明しました。また日本では核保有について議論をすべきとの声が自民党内で上がっており、メディアでも取り上げられています。

と、ここまで、ウクライナ侵攻の大筋を振り返ってみました。

では、金融経済の分野では今どういったことが起きていて、今後どのような事態が想定されるのか、世界情勢や米中のパワーバランスをもとに確認していきます。

第一章

各国のロシア制裁とその効果

ウクライナ情勢を通じて学べること

なぜウクライナから遠く離れた私たち日本人が、ウクライナ情勢を深く理解しておく必要があるのでしょうか？　本書を手に取ったみなさんは既に何かしらの答えをお持ちかもしれません。

たとえば、ロシアと国境を接している日本が、もしロシアから攻められたらどうするのか？　アメリカは本当に全力で防衛してくれるのか？　日本の国家安全保障を考え直す観点から、ウクライナ侵攻の背景を理解しておくことは重要です。

はたまたロシアや中国など一部のエリート層に権力が集中している権威主義国家との付き合い方を考え直す必要もありそうです。ロシアは豊富な資源を、中国は購買意欲の強い消費者を豊富に抱えた魅力的なマーケットとはいえ、個人の自由や民主政治を大切にする国ではないので政治的な対立が起こると今回のように不測の事態に発展する可能性もあります。

今度は少し視点を変えて金融マーケットの異変について見ていきます。

今回の戦争をきっかけに資源価格が高騰しています。原油価格は一つの樽、すなわち１バレルが一時130ドルにまで上昇しました。昨年末が80ドル前後でしたので、一時60％以上も価格が上昇したことになります。

原油価格が上昇すると何が起こるのでしょうか？

たとえば私たちの身近なところでは、原油から作られているガソリン価格が上昇し、移動にかかるコストが上昇します。それから火力発電所などのエネルギーとしても使われていますので、月々の電気代も値上がりします。

一方で私たちの給与はそう簡単には上がらないため、生活が大変に厳しくなってくるわけです。

今、物価の上昇、すなわちインフレーション（以後、インフレと記載）が世界中で起こり始めています。日本への伝播は少し遅れていますが、2022年3月のインフレ率は、前年の同月と比べてロシアが16・7％、アメリカは8・5％まで上昇しています。

ですがロシアもアメリカも物価ほどには給与は上昇していませんので、国民は不満を抱えています。

たとえばアメリカの世論調査データ収集サイト「Real Clear Politics」における数値を

■世界の消費者物価推移（2020年1月〜2022年3月）

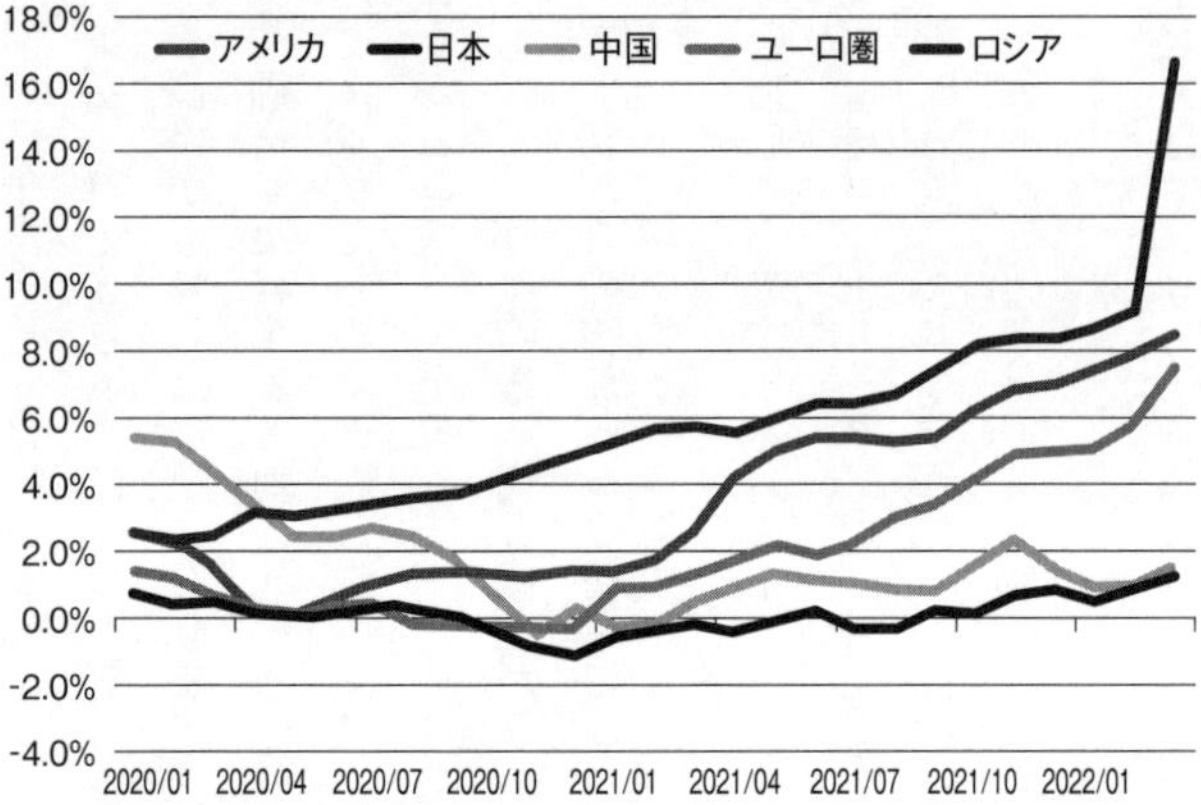

※ Investing.comよりデータ取得し筆者作成

見てみると、アメリカの民主党、バイデン政権の支持率は２０２２年4月19日〜5月5日の各社平均で42・5％まで低下しています。これは２０２１年1月の政権発足以降、最も低い水準です。

アメリカは今年、２０２２年秋に中間選挙を控えていますが、このままでは共和党に負けてしまう、ということでバイデン大統領、ならびに民主党員は警戒を強めているわけです。

一方、ロシアにおける過去のインフレ率の推移を見てみると、２００８年8月、南オセチア紛争の際のロシアのインフレ率は年率15・0％、２０１４年3月クリミア併合の時は7・3％、そして今回のウクライ

■ロシアの消費者物価推移（2005年～2022年1月）

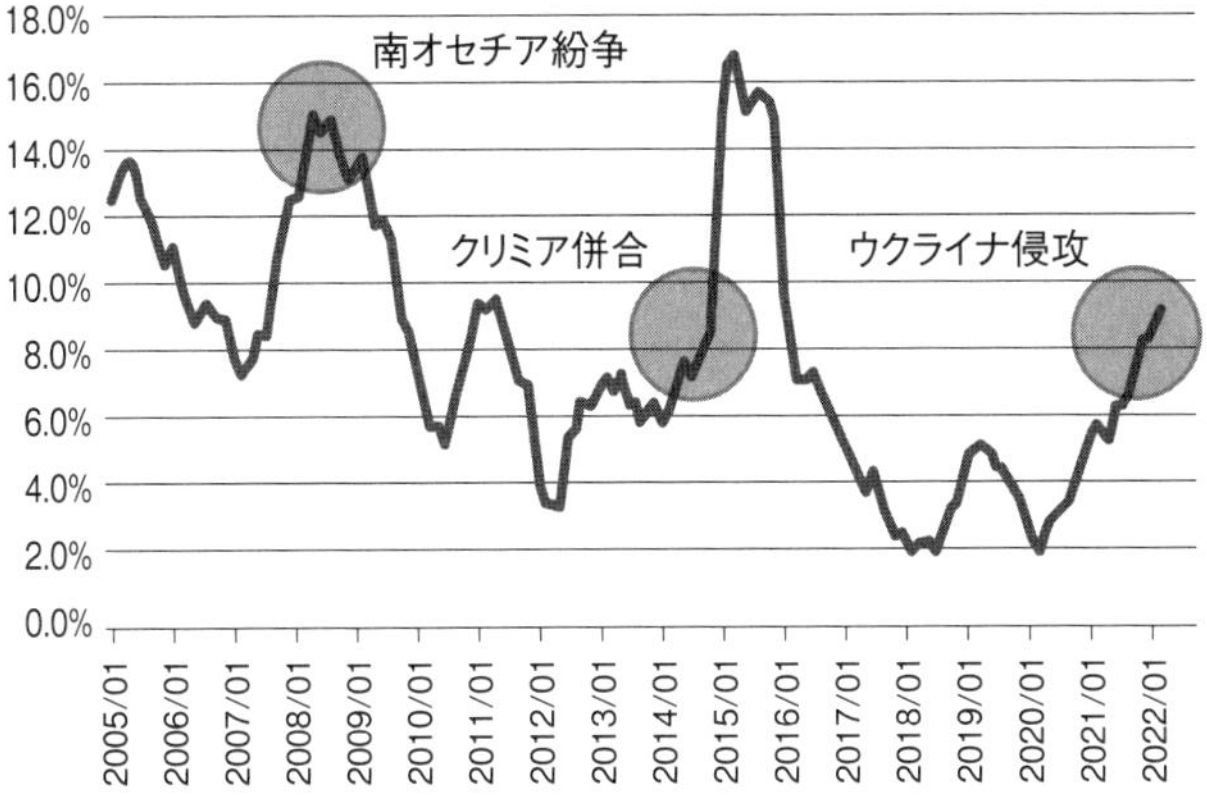

※Investing.comよりデータ取得し、日本経済新聞社の報道を基に筆者作成

ナ侵攻時は9・2%となっています。ロシアでインフレによる国内の不満が高まるタイミングと周辺国と戦争を起こす時期は一致します。

このように軍事や地政学、民族的な視点だけではなく、経済や金融マーケットから世界を見ることも示唆に富むものです。

また今回の一件はさまざまなことを考え直すきっかけになるというだけではなく、これを機に世界が一変する可能性もあると見ています。

たとえば戦争が長引くことで資源価格の高騰が止まらず世界中でインフレが起こり、いたるところでデモ（実際にトルコ、スリランカ、ペルーではデモが発生）、政権交代や革命が起きるとか、それによって第三次世界大戦が始まってしまい地球が未曽有の混乱に陥るとか、少なくとも民主主義国家と権威主義国家の溝は大きくなってさまざまなビジネスに影響がありそうだとか……そうしたさらなる大きな変化の序章に過ぎないのかもしれません。

金融マーケットでは、世界経済の成長が鈍化しそうだという思惑から株価がずるずると下落しています。また紙幣の価値が薄れる前に金（ゴールド）を買っておこうという思惑により、金価格は一時1トロイオンス（貴金属や宝石の原石の計量に用いられる単位で、1トロイオンスは約31・1グラム）が2000ドルを超えて上昇する局面も見られました。

日本に目を移すと、円安が進み、資源価格が高止まりするなど、いよいよ日本にもインフレがやってくる条件が揃ってきています。1980年代以来で初めて、身近な食べ物や飲み物、電気代やガス代の上昇、果ては洋服代やレジャーランドの利用料まで上昇する世の中が現実となるのでしょう。

また、足元では1ドル130円までの円安が進んでいますが、ここからさらに円安が加速していく可能性もあります。

10数年前までは貿易で、近年は投資および海外事業で外貨を稼いできた日本ですが、、

■日本の経常収支

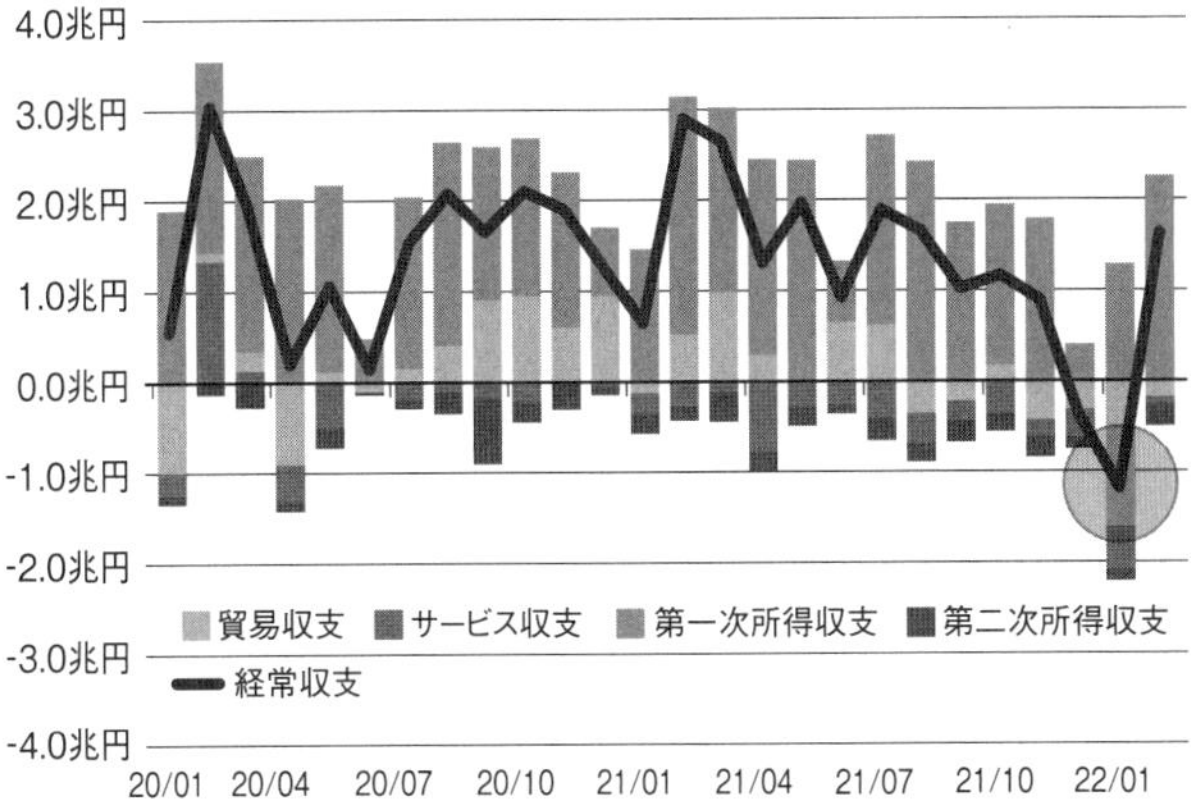

※財務省よりデータ取得し筆者作成/2022年2月まで

競争力の低下から、年々それも難しくなってきています。

　こうした中で、２０２２年１月の日本の経常収支、すなわち外貨を稼ぐ力は大幅にマイナスになりました。１・19兆円の赤字は財務省が公表している１９９６年からのデータで２番目に悪い数値です。

　外貨を稼げなくなると最終的に日本は外貨の収入よりも支出が多くなり、外貨を買わなくてはなりません。そうすると国全体として円を売って、外貨を買う取引が増えていきますので、自然と為替レートは円安になっていきます。５月に入って円安がさらに加速してドル円レートは１ドル１３０円台に突入していますが、背景には日本の国際競争力の低下が影響しているように感じています。

このように、世の中では既に大きな変化が起こり始めています。そしてこれからもより大きな変化が起こるのかもしれません。どういったシナリオが想定されるのか、順を追って、一緒に見ていきましょう。

諸外国への特別な感情と意識について

本題に入る前に、私たちが諸外国に対して抱く特別な感情や意識について、傾向をまとめた調査を紹介します。なぜなら、これから世界の先行きを探るうえで、できるだけ先入観をもたずに、数値やデータ、フェアな定性要因をもとに、考えて頂きたいからです。

次の棒グラフは内閣府令和3年度世論調査の結果を示したものです。ウクライナ侵攻以前の調査結果です。

私たち日本人の90％超がアメリカに対して広く親しみを感じている一方、中国についてはは20・6％、ロシアについては13・1％しか親しみを覚えていません。ロシアに関しては、北方領土問題に加えて、中国人と比べても日本国内でロシア人をあまり見かけることがな

■親近感調査

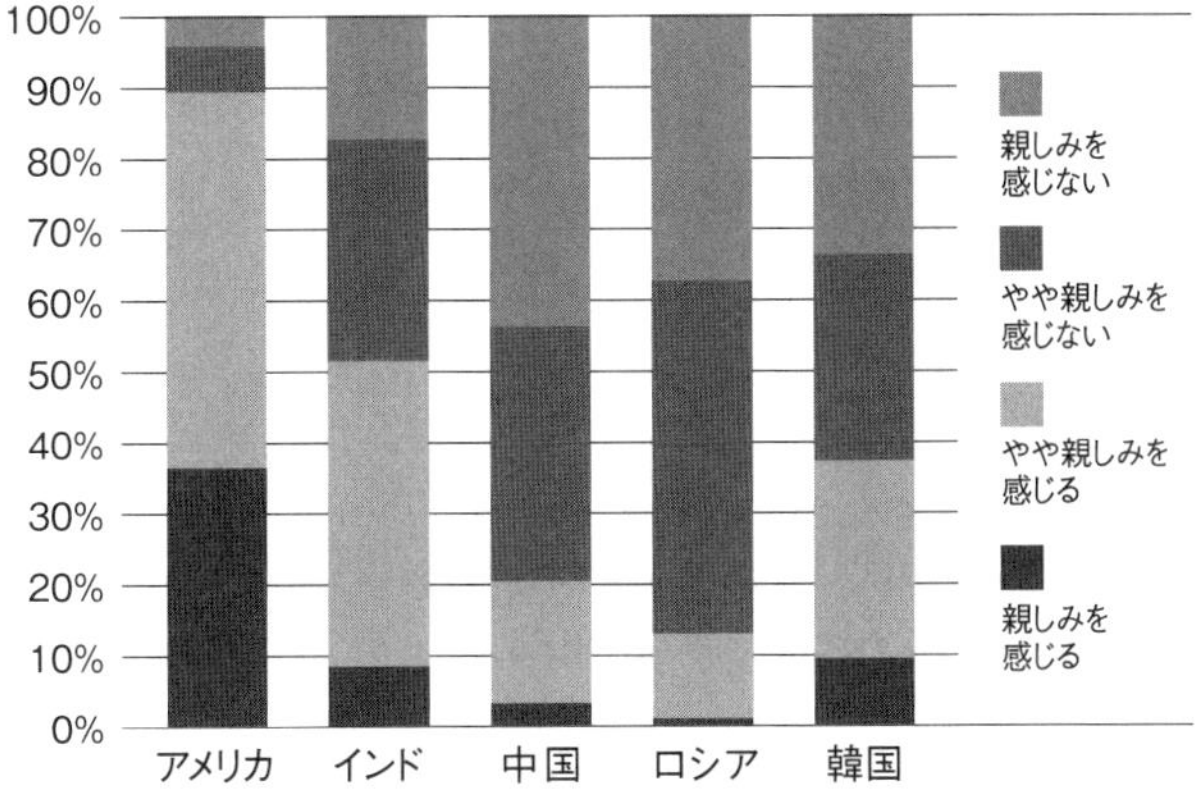

内閣府令和3年度世論調査を基に筆者作成/2021年9月調査分

い、つまりは日常生活で接点がないことも背景にあると考えます。中華料理屋の数や、中国語学習者数に比して、ロシアのそれは及ばないということも影響しているのかもしれません。

さらに年代別データでは、対ロシア感情に大きな差があることがわかります。10代～20代においては比較的に諸外国に親近感を感じる人が多く、24・7％がロシアに対して親しみを感じている一方で、60歳以上では9％弱しかいません。

この傾向は対中国でも同様です。10代～20代において中国に対して親近感を感じる人は40・5％と比較的多い一方で、60歳以上では13％弱にとどまっています。

■今後の関係の発展に対する調査

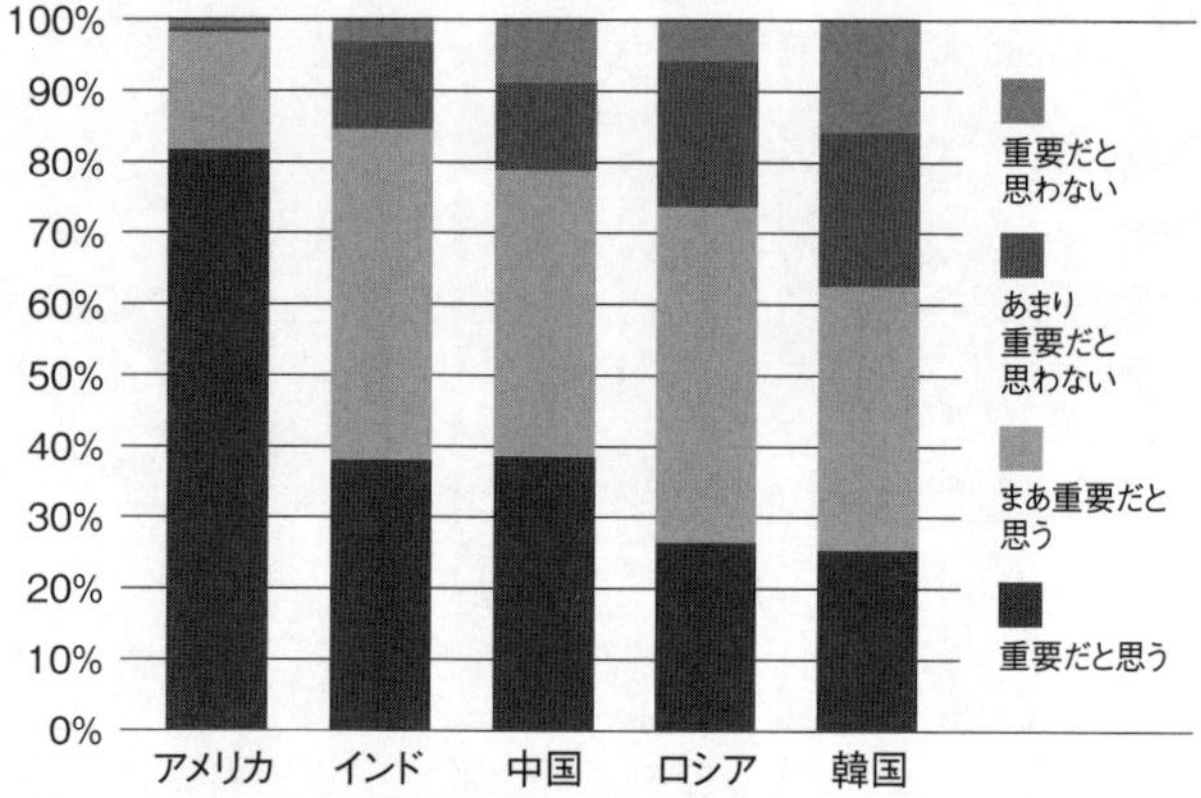

内閣府令和3年度世論調査を基に筆者作成/2021年9月調査分

世代により情報を取得している媒体が異なることや、若い世代のほうが海外と関わる機会が多いこと、また過去の歴史など、さまざまな要因が複雑に関係しているのでしょう。

次に示すのは、今後の諸外国との関係の発展に対する調査です。

実は今後の関係の発展については、親近感ほどに感情的でなく、アメリカだけでなく、中国とロシアとの関係についても重要だと考える人の割合が7割を超えています。個人的にはこれでも少ないと思いますが、それでも多くの人が大国との関係の発展に期待しています。

ここでも若年層のほうがより諸外国との

関係発展に好意的で、シニア層では否定的です。シニア層は中国やロシアとの関係発展にメリットを感じておらず、若年層はこのままの関係ではいけないという意識が読み取れます。

たとえば組織においては、こうした世代による対ロ、対中国の認識が異なることを理解しておくのがよいと思います。社内やグループで国際的な話をする時には、この点を意識して論を進めたほうが無難でしょう。

そもそも世にあふれている情報や、多くの人が感じていることはメディアによる繰り返しの報道によって形成されている可能性が高いということです。

金融マーケットは複雑な世界情勢を数値に直した世界ですので、物事を客観的に捉える能力はとても重要です。そのため浅い読みや、思い違いはあっさりと正されます。偏った目線は投資の世界において、私たちの不利益に即刻、直結します。

本書では、読者の心情的なウケを狙うよりも、金融マーケットを見るうえで日頃から心がけている、情報に対してフェアな姿勢で論じていきます。

ウクライナとロシアの概要

まず簡単に今回の話題の中心である、ロシアとウクライナについて見ていきます。

1991年にソビエト連邦が解体したあと、ソビエトの大部分を引き継ぐ形で誕生したのがロシア連邦です（以後、「ロシア」と略す）。世界最大の国土面積と、豊富な天然資源を有し、近年の急成長を遂げている国家、BRICS（Brazil、Russia、India、China、South Africaの5か国の英語の頭文字を並べたもの。今後、著しい経済成長の発展が見込まれる新興国）の一員としても存在感が高まっています。

またウクライナも元は旧ソ連諸国の一つで、1991年のソビエト連邦解体直後にウクライナ・ソビエト社会主義共和国から「ウクライナ」として独立しました。

ロシアの南西部に位置し、気候も温暖で肥沃な平原が多く過ごしやすいためか、人口密度はロシアよりも高いです。

私も2019年に同国を訪れましたが、西欧と比べると、どこかのんびりとしていて、

■ウクライナとロシアの概要

	日本	ウクライナ	ロシア	補記
国土面積（平方キロメートル）	377,915	603,550	17,098,242	
人口（百万人）	124.7	43.7	142.3	2021年7月時点
GDP（兆ドル）	5.07	0.16	1.48	2020年時点、名目
一人当たりGDP（ドル）	40,886	3,727	10,127	2020年時点、名目

CIAワールドファクトブック2021年10月分と世界銀行よりデータ取得して筆者作成

経済的にやや発展途上な印象を受けました。実際、ウクライナの一人当たりGDPは３７２７ドル、世界の平均的な一人当たりGDP１万９１６ドルと比べて低い数値となっています。

旧ソ連の両国ということで、民族的につながりが深く、ウクライナには約17・７％のロシア系住民が居住しています。今回の戦争で広く知られることになりましたが、ウクライナの東部、つまりロシア国境に近い地域ではロシア系住民がより多く住んでおり、言語も含めてロシアの影響が強い地域です。

このようにユーラシア大陸の国境沿いには異なる民族が混在していることが多いの

ですが、大陸から離れ日本という島国に住んでいるとあまりピンとこないところでもあります。

ウクライナ東部における紛争はずいぶん前から行われており、私が訪れた2019年には既に赤十字の医療部隊が絶えず支援を続けている状況でした。少なくとも2014年3月のロシアによるクリミア併合あたりからはウクライナ東部での衝突が断続的に続いていました。

一方でウクライナとロシア両国の貿易は、少なくも今回の侵攻以前は盛んで、ウクライナの輸出入に占めるロシアの割合はそれぞれ10％程度と上位を占めています。ロシアに農作物などを輸出し、ロシアから天然資源や嗜好品などを輸入しています。

ただ近年は「一帯一路」と呼ばれる、中国を起点として西へと経済圏を拡大させる中国の経済政策の影響もあり、ウクライナと中国の貿易のつながりが深くなっています。輸出入に占める中国の割合もそれぞれ10％程度とロシアとほぼ同程度、中国とロシアの両国がウクライナの貿易パートナーの1、2位を占めている。これが現在のウクライナの状況といえます。

少し話を戻すと1991年にソビエト連邦が解体となり、ここからロシアとウクライナの歴史は大きく分岐していくことになります。もともと言語、民族、宗教も近い両国の関係が悪化していった背景には、経済的な視点でいえば中国やEUの目覚ましい発展の影響も関係しているように思います。

1992年には中国が改革開放（経済特別区の設置、海外資本の積極的な導入が行われ、市場経済への移行が推進された政策）を強化し資本主義経済の導入を加速させました。また1993年にはEUが設立し欧州域内におけるヒト・モノ・カネの移動が活発になりました。中国とEU、この二つの経済圏が大きく発展を遂げていき、その流れの中でウクライナはEUや中国との結びつきが深まり、結果としてロシアのウクライナに対する影響力が少しずつ弱まっていったのでしょう。

市場経済を導入したロシア

旧ソ連は社会主義経済を目指し、いわゆる「計画経済」と呼ばれる政策モデルを試みましたが、国家が権限を持って経営資源を分配した結果として、成果型の報酬を得ることが困難となり、労働者の労働意欲が失われ、西側諸国と比べて経済は発展せず、これが冷戦の一つの大きな敗因となりました。

そこで1991年ソ連解体後の、翌1992年からロシアは「市場経済」を導入します。そもそもソ連は社会主義が掲げる「計画経済」を理想としていましたから、通貨・資本・市場などと対極の政策を採り行っていたわけで、資本主義経済を取り入れることは、ロシアにとって非常に大きな改革でした。

この時期にロシア中央銀行が設立され、また民間の銀行が増加し、少しずつ現在のロシア金融の形が作られていきます。ちなみに、中央銀行とは国家の紙幣を発行し、物価や経済、通貨価値の安定を図る重要な国家機関のことです。

また同時期には国有資産の民営化も進められました。この過程で富を築いていったロシア人富豪のことを「オリガルヒ」と呼びます。彼らは現在に至るまで非常に多くの富と、ロシア国内外における強い発言力を持っています。

ただ、やはり市場経済システムへの移転の道のりは決して平坦ではなかったようです。上智大学教授・安達祐子著『現代ロシア経済』（名古屋大学出版会）によれば旧ソ連におけるサプライチェーンの分断や、通貨ルーブル経済圏の崩壊により、ロシア連邦設立当初から数年間のＧＤＰは大きく落ち込んだとされています。

また実際の統計データからも1991年から1999年まではGDPのダウントレンドが続いていたことがわかります。

貨幣においても旧通貨のソビエト・ルーブルからロシアルーブルへと移行する中で、通貨価値の大幅な下落が発生しました。

1992年にロシアルーブル（通貨コード〝RUR〟）へ転換した際のルーブル価が1ドル125ルーブル前後で、これが1998年に1ドル6000ルーブルまで大幅に減価しました。さらに1998年にデノミネーションと呼ばれる通貨単位の変更を行い1000RUR＝1RUBとなり、この〝RUB〟が現在のロシアルーブルになっています。

こういった通貨の減価は、国内経済の混乱を通貨価値が素直に反映した結果といえます。冷戦に敗れたことと、戦争で敗れたことを比較するのは正確ではないですが、たとえば第一次世界大戦後のドイツや、第二次世界大戦後の日本の通貨価値も大きく下落しています。これは戦時中の大きな負債と戦後の賠償金を返済するためにより多くの資金が必要となり、紙幣の増刷へとつながり、結果として1通貨あたりの価値が大きく低下したからです。こういった状況の中でソ連解体直後のロシアは「ハイパーインフレーション（以降はハイパーインフレと記載）」と呼ばれる、紙幣が急速に価値をなくし、結果として物価が急上昇する

株価（1ドル）	政府債務（%／GDP）	財政収支（%／GDP）	経常収支（10億米ドル）	失業率（%）	人口（百万人）
					148.0
				5.2	148.3
				5.9	148.4
			8.9	8.1	148.4
82.9			7.4	8.3	148.3
200.5			10.1	9.3	148.1
396.9	51.5		-0.8	10.8	147.8
58.9	135.2	-7.4	0.1	11.9	147.5
175.3	92.4	-3.6	22.9	13.0	146.9
143.3	55.9	3.1	45.4	10.6	146.3
260.1	44.4	3.0	32.1	8.9	145.6
359.1	37.6	0.7	27.5	8.0	145.0
567.3	28.3	1.4	33.1	8.2	144.3
614.1	20.8	4.6	58.6	7.7	143.8
1125.6	14.9	7.6	84.4	7.2	143.2
1921.9	9.8	7.8	92.3	7.1	142.9
2290.5	8.0	5.6	72.2	6.0	142.7
631.9	7.4	4.5	103.9	6.2	142.7
1444.6	9.9	-5.9	50.4	8.2	142.8
1770.3	10.1	-3.2	67.5	7.4	142.9
1381.9	10.3	1.4	97.3	6.5	143.1
1527.0	11.2	0.4	71.3	5.5	143.3
1442.7	12.3	-1.2	33.4	5.5	143.7
790.7	15.1	-1.1	57.5	5.2	146.3
757.0	15.3	-3.4	67.8	5.6	146.5
1152.3	14.8	-3.7	24.5	5.5	146.8
1154.4	14.3	-1.5	32.2	5.2	146.9
1068.7	13.6	2.9	115.7	4.8	146.8
1548.9	13.8	1.9	65.4	4.6	146.7
1387.5	19.3	-4.0	36.0	5.8	146.2
1595.8	17.9	-0.6		4.9	146.1

※GDPに占める政府債務、財政収支の各割合

■ロシア経済の概要

年	消費者物価（%）	GDP（10億米ドル）	対ドル為替レート	原油価格（1ドル/バレル）
1991		518.0	↑	28.44
1992		460.3		19.12
1993	874.2	435.1		19.5
1994	307.7	395.1	RUR→RUBへ	14.17
1995	197.4	395.5		17.76
1996	47.8	391.7		19.55
1997	14.8	404.9	↓	25.92
1998	27.7	271.0	21.6	17.6
1999	85.7	195.9	27.6	12.1
2000	20.8	259.7	28.5	25.6
2001	21.5	306.6	30.5	26.8
2002	15.8	345.5	32.0	19.8
2003	13.7	430.3	29.2	31.2
2004	10.9	591.0	27.7	32.5
2005	12.7	764.0	28.7	43.5
2006	9.7	989.9	26.3	61.0
2007	9.0	1299.7	24.6	61.1
2008	14.1	1660.9	30.5	96.0
2009	11.6	1222.6	30.3	44.6
2010	6.8	1524.9	30.6	79.4
2011	8.4	2045.9	32.2	91.4
2012	5.1	2208.3	30.6	98.8
2013	6.8	2292.5	32.9	91.8
2014	7.8	2059.2	55.9	98.4
2015	15.5	1363.5	73.6	53.3
2016	7.0	1276.8	61.3	37.0
2017	3.7	1574.2	57.6	53.7
2018	2.9	1657.3	69.8	60.4
2019	4.5	1687.5	62.0	45.4
2020	3.4	1483.5	74.4	61.1
2021	6.7		74.7	48.5

Investing.com、世界銀行、IMFよりデータ取得し筆者作成

混乱状態にありました。

また、１９９８年にはアジア通貨危機のあおりを受けてロシア国債がデフォルト（債務不履行）状態に陥ります。これは「ロシア危機」と呼ばれ、背景にはグローバルな景気悪化や資源価格の低迷があったとされますが、ソ連時代からの大きな流れで捉えてみると、まだまだ改革段階で大きな外部ショックを受けとめる体制が十分ではなかったと見ることもできます。

為替レートが落ち着いて推移するようになり、株価にも上昇の機運が見られた２００４年には外為法を改正し資本以外の取引（経常取引）に関して、原則、取引の制限をなくしています。（ＪＥＴＲＯがまとめたロシアの為替管理制度によれば、ほとんどの外為制限は２００７年1月1日に廃止）

さらに近年では２０１４年末に、ロシアルーブルは管理相場制（一定の変動幅を設けて相場変動を許容する制度）から変動相場制（需要と供給に基づいて自由に価格を決定する制度）に移行しています。

こうした動きはたとえば、同じく資本主義経済を取り入れようとした中国の為替管理制度と比べても速いペースで進められてきました。それだけ金融に関しては開放路線といいますか、比較的オープンな体制が早期に構築されています。推測ですが、政府や中央銀行は豊富な資源を輸出するビジネスを拡大することで通貨価値や株価を安定させる自信があったのでしょう。

また34ページの表中、「政府債務」の項目からは、莫大な借金を抱えていたソ連崩壊直後と比べると、近年の政府債務はかなり改善していることが読み取れます。１９９３年頃から法人税・付加価値税などを軸に税収を上積みし、歳入を増やし、改善していったようですが、１９９７年から２００４年の政府債務の過去実績からもその確かな軌跡が見られます。

次にロシアの貿易構造について見ていきます。

世界最大の国土面積を抱え、世界有数の資源国でもあるロシアは、豊富な天然資源を海外（主にEUやアジア）に輸出し外貨を獲得しています。

あくまで代表的な資源に限定していますが、国別の生産量を表にまとめました。２０２０年の石油と天然ガスの産出量は世界2位、かつ埋蔵量も豊富にあること、またニッケル・金・アルミニウム・鉄鉱石においても世界有数の生産量を誇ることから、ロシアが資

天然ガス					
順位	2020年	生産量（10億立方メートル）	世界シェア（%）	確認埋蔵量（1兆立方メートル）	世界シェア（%）
1	アメリカ	914.6	23.7	12.6	6.7
2	ロシア	638.5	16.6	37.4	19.9
3	イラン	250.8	6.5	32.1	17.1
4	中国	194.0	5.0	8.4	4.5
5	カタール	171.3	4.4	24.7	13.1
6	カナダ	165.2	4.3	2.4	1.3
7	オーストラリア	143.1	3.7	2.4	1.3
8	サウジアラビア	112.1	2.9	6.0	3.2
9	ノルウェー	111.5	2.9	1.4	0.8
10	アルジェリア	81.5	2.1	2.3	1.2

金					
順位	2020年	生産量（トン）	世界シェア（%）	確認埋蔵量（トン）	世界シェア（%）
1	中国	380	11.9	2,000	3.8
2	オーストラリア	320	10.0	10,000	18.9
3	ロシア	300	9.4	7,500	14.2
4	アメリカ	190	5.9	3,000	5.7
5	カナダ	170	5.3	2,200	4.2
6	ガーナ	140	4.4	1,000	1.9
7	インドネシア	130	4.1	2,600	4.9
8	ペルー	120	3.8	2,700	5.1
9	カザフスタン	100	3.1	1,000	1.9
10	メキシコ	100	3.1	1,400	2.6

鉄鉱石					
順位	2020年	生産量（百万トン）	世界シェア（%）	確認埋蔵量（百万トン）	世界シェア（%）
1	オーストラリア	900	37.5	50,000	27.8
2	ブラジル	400	16.7	34,000	18.9
3	中国	340	14.2	20,000	11.1
4	インド	230	9.6	5,500	3.1
5	ロシア	95	4.0	25,000	13.9
6	南ア	71	3.0	1,000	0.6
7	ウクライナ	62	2.6	6,500	3.6
8	カナダ	57	2.4	6,000	3.3
9	アメリカ	37	1.5	3,000	1.7
10	スウェーデン	35	1.5	1,300	0.7

■ロシアの資源

石油					
順位	2020年	生産量（百万トン）	世界シェア（%）	確認埋蔵量（10億トン）	世界シェア（%）
1	アメリカ	712.7	17.1	8.2	4.0
2	ロシア	524.4	12.6	14.8	6.2
3	サウジアラビア	519.6	12.5	40.9	17.2
4	カナダ	252.2	6.1	27.1	9.7
5	イラク	202.0	4.9	19.6	8.4
6	中国	191.0	4.7	3.5	1.5
7	UAE	165.6	4.0	13.0	5.6
8	ブラジル	159.2	3.8	1.7	0.7
9	イラン	142.7	3.4	21.7	9.1
10	クウェート	130.1	3.1	14.0	5.9

ニッケル					
順位	2020年	生産量（トン）	世界シェア（%）	確認埋蔵量（トン）	世界シェア（%）
1	インドネシア	760,000	30.4	21,000,000	22.3
2	フィリピン	320,000	12.8	4,800,000	5.1
3	ロシア	290,000	11.6	6,900,000	7.3
4	ニューカレドニア	200,000	8.0	—	—
5	オーストラリア	170,000	6.8	20,000,000	21.3
6	カナダ	150,000	6.0	2,800,000	3.0
7	中国	120,000	4.8	2,800,000	3.0
8	ブラジル	73,000	2.9	16,000,000	17.0
9	キューバ	49,000	2.0	5,500,000	5.9
10	ドミニカ共和国	47,000	1.9	—	—

アルミニウム					
順位	2020年	生産量（千トン）	世界シェア（%）	年末生産能力（千トン）	世界シェア（%）
1	中国	37,000	56.7	43,000	56.1
2	インド	3,600	5.5	4,060	5.3
3	ロシア	3,600	5.5	4,020	5.2
4	カナダ	3,100	4.8	3,270	4.3
5	UAE	2,600	4.0	2,700	3.5
6	オーストラリア	1,600	2.5	1,720	2.2
7	バーレーン	1,500	2.3	1,540	2.0
8	ノルウェー	1,400	2.1	1,430	1.9
9	アメリカ	1,000	1.5	1,790	2.3
10	アイスランド	840	1.3	890	1.2

The British Petroleum Company plcよりデータ取得し筆者作成/データは2020年末まで

源大国であることが一目で理解できると思います。なお、東洋経済新報社のアジア長期経済統計によれば、2000年~2015年のGDPに占める石油・天然ガスの比率は約20%前後となっています。石油・ガスの公式GDPに加えてレント（地代）を加味した推計値ですが、資源がロシア経済にとってどれほど重要かがわかる内容です。

2000年代のロシア経済は、少なくとも2013年までは非常に堅調な成長を描き、経常収支も大幅に黒字で、財政収支と失業率は改善傾向にあり、消費者物価は安定し始めるなど、とても良い軌跡を描いていました。

しかし2014年にクリミア併合を行ったことでEU、アメリカ、日本などから経済制裁を受け、2015年のロシアルーブル建てGDPは前年比マイナス2・0%、ドル建てGDPは前年比でマイナス34%と急落しました。これは大きく二つの要因によるもので、一つが原油価格など資源価格の急落、もう一つがそれにつられたロシアルーブルの暴落です。

2014年は原油価格が1バレル100ドル前後から、一時は1バレル50ドル前後にまで急落するなど、資源国であるロシアにとって厳しい外部環境が続きました。この資源価格の下落はアメリカのシェールオイル革命（硬い地層に含まれる原油を採掘可能にした技術革新）

■ロシアルーブルと原油の関係性

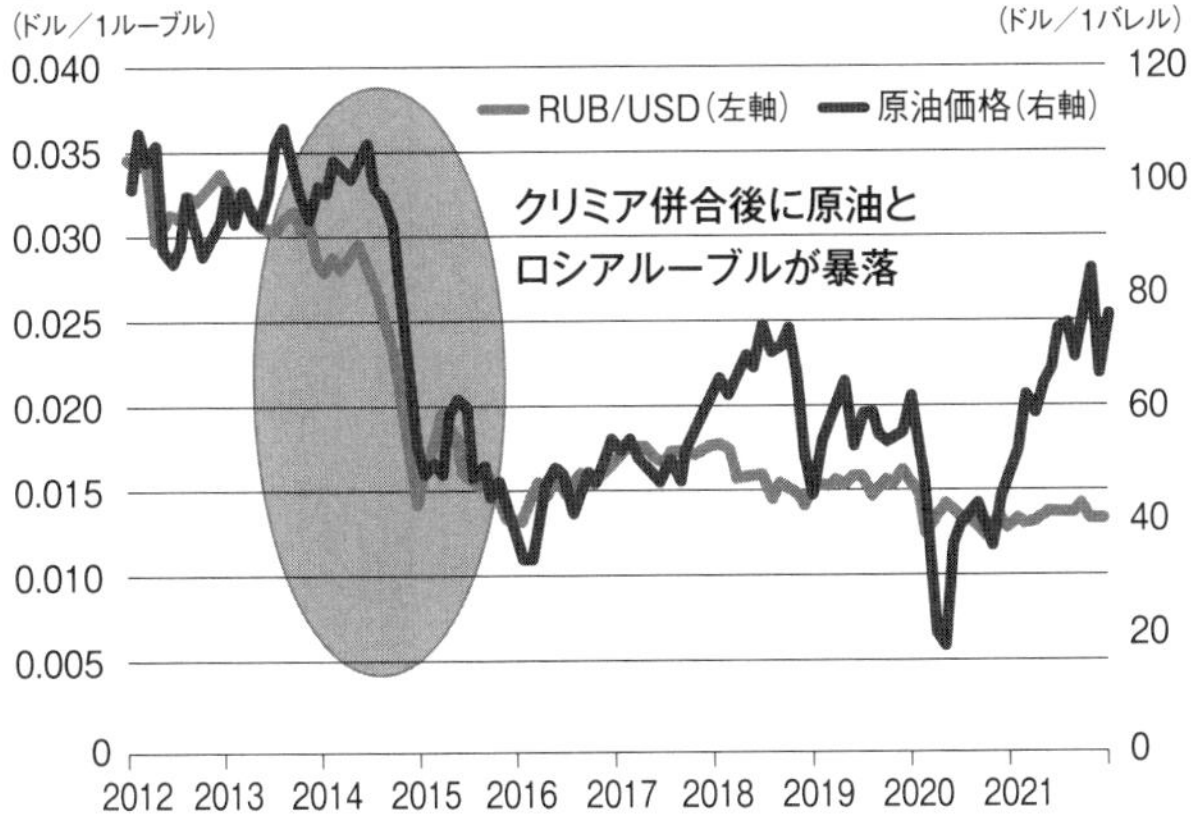

ロシアルーブルと原油価格の関係性/原油が下落したことで、ロシアルーブルも概ね連動し下落した

の影響や、ＯＰＥＣ（Organization of the Petroleum Exporting Countries＝石油輸出国機構：サウジアラビアやイラン、イラクなど13か国が加盟）が増産体制を取り続けたことにより、原油の需給バランスが大きく崩れたことに起因します。

その後ロシア経済は２０１６年に底打ちし、２０１９年までもち直しの動きが見られていましたが、ここにきて新型コロナウイルスが蔓延するなど、２０２０年は不況の波にのまれました。２０２１年は世界景気と連動する形でもち直すと見られており、名目ＧＤＰで１７０兆ドル程度が見込まれています。

暴落から急騰に転じたロシアルーブル

ウクライナへの侵攻を開始したロシアですが、どんなにもっともらしい理由を並べようとも、他国の領土を侵食する行為に対して、国際社会がそれを受け入れることはない状況です。

２０２２年3月2日、国連は、その緊急特別会合で、ロシアによるウクライナ侵攻に「最も強い言葉で遺憾の意を表す」とする決議を加盟国１９３か国のうち賛成１４１か国、反対5か国、棄権35か国の賛成多数で採択しています。

また各国はロシアに対し、多くの経済制裁を科しました。特に英米を中心としたファイブアイズ、ＥＵ、日本や韓国などから多くの制裁措置を受けています。ロシア政府の要人やオリガルヒと呼ばれるロシア富豪の資産凍結、ロシア中央銀行の外貨準備の凍結、ＳＷＩＦＴと呼ばれる国際送金システムからのロシア排除、貿易取引の制限、ロシア事業の停止など、多くの対応策が採られました。

結果としてロシアの通貨ルーブルは一時的に半値以下にまで下落しました。通貨の価値

■ロシアルーブルの対日本円為替レート推移（2020年〜現在）

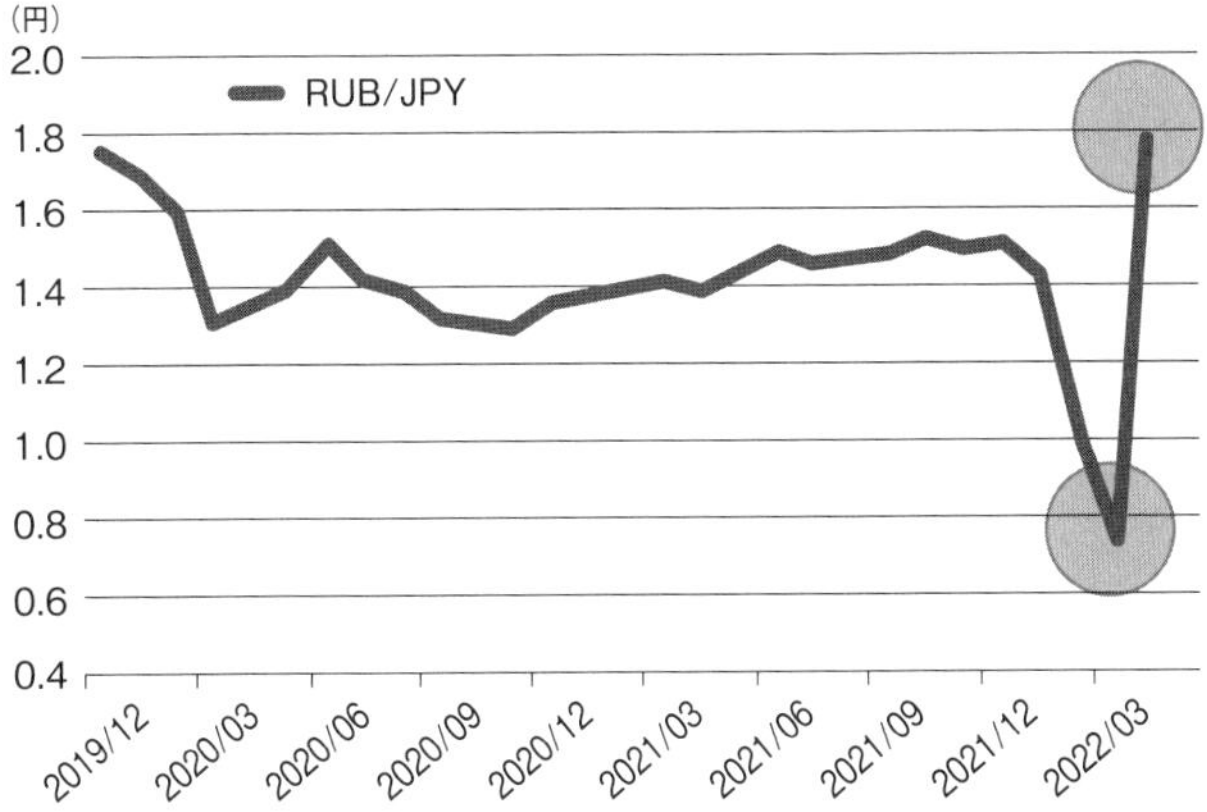

Investing.comよりデータ取得し筆者作成

が半分に下がるということは、逆説的には物価が2倍になるということです。このような状況が長引けばロシア経済は疲弊し、国民の不満が高まるのは必至です。

ただし、現在のロシアルーブル価は戦争前の水準よりさらに高いレベルにまで戻ってしまいました。2014年のクリミア併合の際にはロシアルーブルは下落し、その後しばらく低位で推移しましたが、今回はすぐに価格が戻り、むしろ高くなっている点は示唆に富みます。

なぜこのような現象が起きるのか。経済制裁の効果にはタイムラグもあるため、この段階で言い切ることは難しいのですが、その背景について考えてみます。

クリミア併合が２０１４年3月18日に発生し、原油価格が崩れたのは同年の7月からです。つまり4か月ほどのタイムラグで原油価格は下落に転じました。

背景にはアメリカがシェールオイルの採掘を加速させ、ＯＰＥＣが増産体制を維持し原油の需給バランスが崩れたことが挙げられます。２０１４年始の１バレル１００ドル前後の水準が、年末には１バレル50ドル前後にまで急落し、さらに翌２０１５年には１バレル30ドル前後にまで下落しました。

一方で２０２２年5月15日現在（戦争開始から3か月弱が経過）において、ＷＴＩ（West Texas Intermediate：アメリカ南部で産出される原油の総称）原油先物価格は１バレル１００ドルを超えて推移しています。ＯＰＥＣにロシアやメキシコなどが加わり２０１６年に設立されたＯＰＥＣプラスは、米国などが求めた追加増産に応じず、市場の影響力維持へロシアとの結束を優先しています。

この点が２０１４年と現在との大きな違いです。

ＢＰ（The British Petroleum Company plc：石油・ガス等のエネルギー関連事業を展開する多国籍企業）のデータによれば２０２０年の原油生産量の１位２位はアメリカとロシアですが、３位にサウジアラビア、５位にイラク、７位にＵＡＥ、９位にイランと原油市場における中東勢の存在感はまだまだ健在で、したがって彼らは原油の需給バランスに影響を与える大きなプレイヤーです。

ところが現在、中東勢はアメリカではなくロシアに与《くみ》している可能性があります。２０１４年の時はＯＰＥＣ（サウジアラビア、イラク、ＵＡＥ、イランを含む）が単にグローバルなシェアを維持しようとしたのか、それともシェールオイルを採算割れに追い込み潰そうとしたのか、はたまたアメリカのロシア潰しに協力したのか真相は定かではありませんが、とにかく増産に動いていましたのでこの点は大きな違いです。今回はどうもアメリカではなくロシアに配慮している可能性があります。

イラン、イラクはそもそも国連総会のロシア非難決議を棄権していますし、サウジアラビアやＵＡＥは非難決議には賛成しているものの、国連人権理事会のロシアの理事国資格停止について棄権しています。こうしたことからもアメリカのロシア対応と、中東のロシア対応の温度感に差があることが確認できます。

効果的な資源制裁を科すためには、民主主義陣営の資源国だけではなく、中東を巻き込んでいかなければなりません。この立ち回りが上手くいくかどうか、これは今後のロシア経済の鍵を握ります。ロシアの経済は実質的には石油と天然ガス、そして通貨ルーブルで成り立っていると言っても過言ではないので、そこにどれだけの負荷を掛けられるかが明暗を分けるでしょう。

ＢＰのデータによれば、２０２０年の原油生産と消費のバランスは日量８８４０万バレル前後で拮抗しています。この生産と消費の拮抗が崩れると価格が崩れます。

内閣府がまとめた「２０１５年上半期、世界経済報告原油価格下落と世界経済 ～メリットとリスクの総点検～ 第1節 原油価格下落の要因、この世界の原油需給バランスと原油価格」によると概《おおむ》ね、四半期～1年間程度の間、日量で５００万バレルほど供給過多になると大きく原油価格に影響を与えていることが読み取れます。世界景気は新型コロナウイルスの蔓延を経て、徐々にｗｉｔｈコロナ態勢へと移行し、中国の一部地域を除いて経済活動は活発になってきています。そう考えると需要面は引き続き高いことが想定されます。

したがってロシアへの効果的な制裁を行うには、原油の需要サイドではなく供給サイドに働きかける必要があります。

アメリカは中東産油国に対する働きかけを強めていると思いますので今後の動きに期待したいところですが、ＯＰＥＣプラスがロシアに配慮している可能性と、それによりロシアルーブルの価格が下落してこないことについては押さえておきたいポイントです。

またバイデン政権とサウジの実質的支配者とされるムハンマド・ビン・サルマン皇太子の関係は良くないとの報もしばしば見かけます。これはアメリカのCIA（Central Intelligence Agency：アメリカ合衆国の対外情報機関）が2018年にサウジアラビアのジャーナリスト、ジャマール・カショギ氏がイスタンブールのサウジアラビア領事館で殺害されたとされる事件について、サウジアラビアのムハンマド・ビン・サルマン皇太子の関与があるとしたことから、関係が悪化しているようです。

以上のようにアメリカとサウジアラビアなど中東の関係は2014年と比べると良好ではないように見受けられる点もポイントです。

なおロシアに対する経済制裁は、少なくとも株式市場に対しては効果を発揮しています。代表的なロシアの株価指数ロシアRTS50は直近の高値から半値程度にまで大きく下落しました。2022年は世界の株式市場全体が不調なのでこの点は差し引いてみないといけませんが、特にロシア株の下落は目立っており、一時は取引の全面停止措置にまで追いやられる事態へと発展しました。取引再開後の株価にはややもち直しの動きが見られているものの戻りは鈍い印象です。

■ロシアの株価推移（2019年～現在）

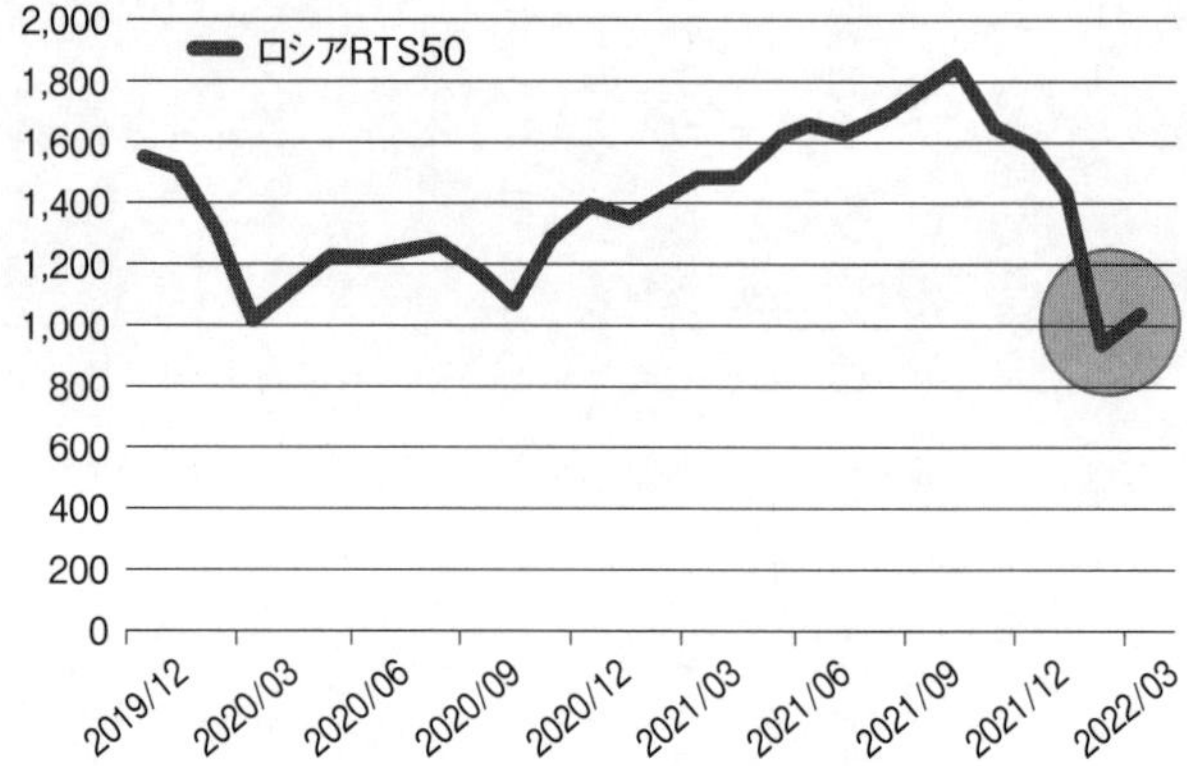

Investing.comよりデータ取得し筆者作成

株価が下落すると投資家の資産が目減りし、投資や消費意欲が減退します。またロシアＲＳＴ50の下落は構成されている企業価値の低下を意味するので、会社側からすれば資本が薄くなり、新たな事業を立ち上げたり、投資をしたりすることが難しくなります。

現在の水準ではそこまで大きな影響は出ないかもしれませんが、株価の下押し圧力については引き続き注目していきたいところです。

ロシアに対する経済制裁の概要

そもそもなぜＥＵやアメリカはウクライ

ナを支持しているにもかかわらず派兵には消極的なのか。それは、ウクライナはアメリカが加盟するＮＡＴＯ（North Atlantic Treaty Organization：北大西洋条約機構）と呼ばれる軍事同盟に加盟しておらず、またＮＡＴＯがロシアに対して直接対峙すると、第三次世界大戦に発展してしまうシナリオが懸念されているからです。そのため国際社会は、資金援助または武器の送付などウクライナへの間接的な戦争支援に限定しています。

その中でも中長期的に大きな効果を期待されているのが「ロシアへの経済制裁」です。制裁の内容としては、主に「資産の凍結」「取引の制限」「領空の閉鎖」、それらに伴う「事業の撤退」の４つですが、特に金融領域である「資産の凍結」「取引の制限」について詳しく見ていきたいと思います。

まずはロシアのプーチン大統領や、ラブロフ外相など政府要人に対する資産の凍結についてです。

一説にはプーチン大統領は途方もない隠し資産を所有しているとする報もありますが、真偽は不明です。権力を行使すれば富を築けることは間違いないと思いますが、国家予算や戦略に影響を与えるような莫大な個人資産を有しているとは想定できないため、政府要人に対する資産凍結は経済的な意味合いよりも、シンボリックな意味合いが強いと考えています。

次にオリガルヒと呼ばれる新興財閥に対する資産凍結について見ていきます。ロシアには国有企業の民営化の過程で多くの資産家が形成されました。2021年度のフォーブス誌に掲載されているビリオネア、10億米ドル以上の資産を持つロシア人は118人いて、これらの大半が資源や金融関連のオリガルヒです。なお118人の資産額の合計は5860億米ドルで、これはロシア中央銀行の外貨準備残高とほぼ同金額になります。したがってオリガルヒへの資産凍結は大規模なもので、効果も大きいという認識です。

またアナウンス効果としても小さくないものと考えています。海外とロシアとの商取引においてはオリガルヒが大きな影響力を持っていることが想定されますので、たとえばG7（Group of Seven：フランス、アメリカ合衆国、イギリス、ドイツ、日本、イタリア、カナダおよび欧州連合で構成される政府間の政治フォーラム）各国の大手企業がオリガルヒとの新規事業を進める可能性はぐんと低くなります。

将来にわたって、オリガルヒとの取引は政治的なリスクが高いと判断される一つのきっかけになるでしょうし、それがロシア株の下落圧力として機能しているように思います。

なぜならモスクワ証券取引所に上場する多くの企業とオリガルヒとの関連は強いからです。

次にロシア中央銀行の外貨準備の凍結についても見ていきましょう。

外貨準備とは、自国の通貨価値の防衛や対外債務の返済のために貯蓄してある外貨のことです。たとえば日本の場合、２０２２年５月15日執筆時点で１ドル＝１３０円前後ですが、仮に１ドル１５０円１７０円と円安が止まらなくなると、自国通貨、日本円の価値が下落しているので相対的に物価が上昇し、インフレが止まらなくなります。このようになると非常にまずいので、その際に為替介入と呼ばれる、政府が自国通貨である日本円を買う行為を行います。そのための財源が外貨準備です。

２０２１年６月末時点のロシア中央銀行の外貨準備額は５８５３億米ドルです。これは大きいのか小さいのかと問われれば、非常に大きな金額といえます。２０２２年３月末時点の日本の外貨準備が１兆３５６１億米ドルで、ロシアの２・35倍の数字ですが、ロシアと日本の経済規模は日本のほうが大きく３・41倍ほどありますので、経済規模で比べればロシアのほうがより多くの外貨を保有していることになります。

ところが各国がロシアの外貨準備を凍結したことで状況は一変しました。

通常、外貨準備は海外の中央銀行に預けているのですが、その資産が凍結対象になって

■ロシアの外貨準備内訳（2021年6月末時点）

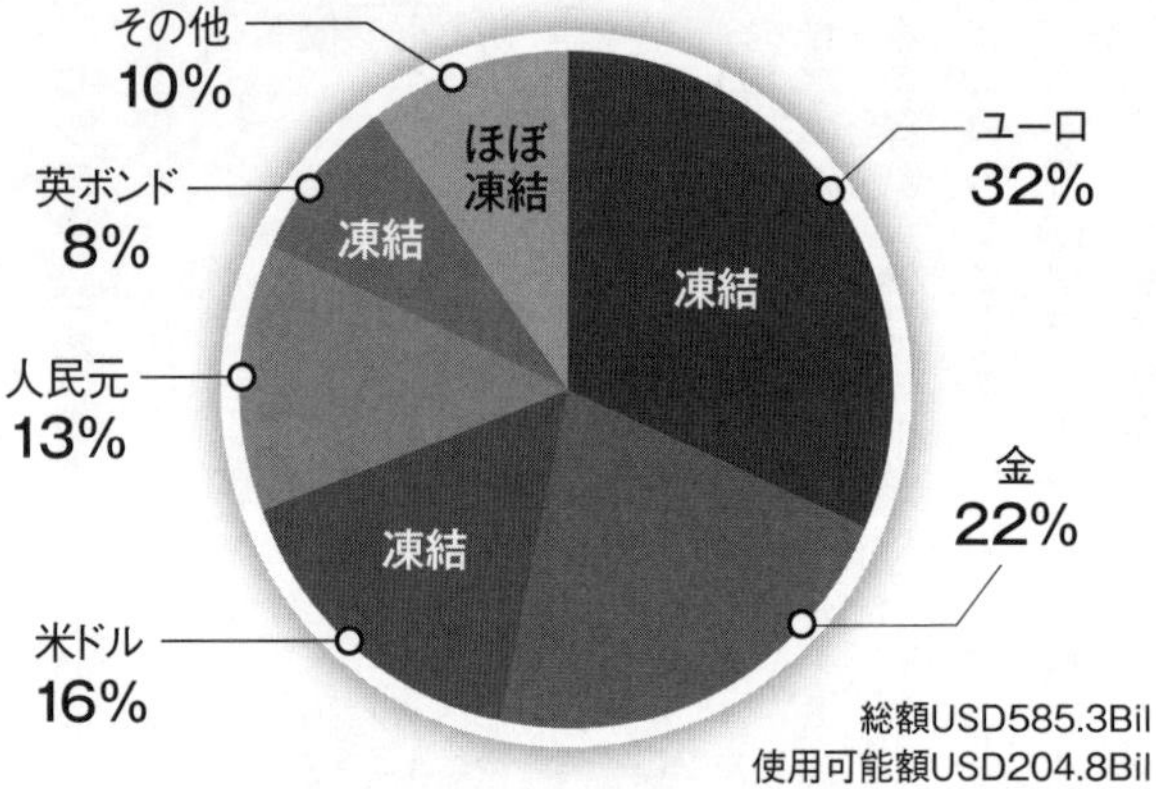

ロシア中央銀行よりデータ取得し筆者作成

しまったのです。

米ドルやユーロ、英ポンドに日本円など、凍結された資産は全体の65％に及びます。おそらく現在使用可能な外貨準備のほとんどは「金と人民元」です。

すると使用可能な外貨は５８５３億ドルのうち35％の２０４８億ドルとなります。しかも金は外貨ではなく、換金に制限が掛かる可能性もありますので、実質的には人民元７６０億ドルだけが即時に使用可能となります。

外国為替の大口取引を担当していた筆者の経験では、７６０億ドルという金額は巨額ですが、大きな機関投資家１社が持つポジションは数十億ドル単位に上ることもありますので、彼らがロシア売りに回る場合にはかなり心もとない金額と感じます。こういったことも経済制裁初期においてロシアルーブルが売り込まれた要因の一つだったのでしょう。

自国通貨高に関しては為替介入上の大きな問題はありません。なぜなら日本ならば日本円、ロシアならばロシアルーブルを財源に、米ドルなり外貨を買えばそれで為替レートを支えることができるためです。つまり、自国通貨高を防衛するための為替介入は財源に大きな制約がないということになります。

一方で自国通貨安を支える為替介入は困難を極めます。なぜならば外貨を持っていないと自国通貨を買い支えることができず、豊富な外貨がないと為替介入の財源がすぐに尽きてしまうからです。

自国通貨高ではなく自国通貨安こそが国家存亡の危機になるということを、ぜひ覚えておいてください。

ＳＷＩＦＴは金融の核兵器？

今回の経済制裁をめぐって「ＳＷＩＦＴ」という単語をよく耳にした方も多いのではないでしょうか？「ロシアが欧米金融機関のＳＷＩＦＴ決済網から外される」とか、「ＳＷＩＦＴ制裁は金融の核兵器だ」といった報道がなされていました。

金融業務に従事している人や海外送金を頻繁に行っている人を除いて、ＳＷＩＦＴという決済システムに詳しい方は少ないと思います。メディア等ではＳＷＩＦＴは「国際決済システム」と称されることが多いのですが、これは正しいのですが、やや補足説明が必要です。

ＳＷＩＦＴ（Society for Worldwide Interbank Financial Telecommunication）は１９７３年に国際協力プロジェクトとして始まった、欧州ベルギーに本拠を構える国際通貨決済システムの社名およびシステム名です。２０１９年現在、ＳＷＩＦＴは２００以上の国家、１・１万を超える金融機関に導入されており、現在も多くの国際金融取引においてＳＷＩＦＴシステムを用いた通貨決済が行われています。

ＳＷＩＦＴの主な機能は、外国通貨を決済するための最終コンファーム（確認）用のメッセージ送受信です。言ってみれば私たちがよく使うメッセージアプリのＬＩＮＥと似ているのですが、誤ったメッセージが送られないようにあらかじめ定められたフォーマットに沿って電文を送る仕組みになっています。

たとえば私が以前に働いていた三井住友銀行（日本）のＳＷＩＦＴコードは「ＳＭＢＣＪＰＪＴ」であり、これを相手方が正しくインプットすることで、三井住友銀行と取引していることを特定可能で、送金先の銀行を間違える可能性がぐんと低くなります。

ですからＳＷＩＦＴがあるとたしかに便利ですし、やり取りはより簡単でより安全に行えるのですが、ＳＷＩＦＴがないと必ずしも決済ができないかというと、実はそうでもない点は押さえておく必要があります。

私がまだ銀行員で外国為替実務の研修生だった頃、鍵のかかる社内の別室にＳＷＩＦＴの専用端末が設置されており、かなり厳重に管理されていたことを覚えています。一口に銀行業務といっても幅広いので、実はＳＷＩＦＴに触れる機会がある人はかなり少数です。今になってこうして回想できるだけでも、ありがたい経験をさせて頂いたと思います。

利用拡大が進む中国製決済システムCIPS

私が研修を積んでいる頃は、SWIFTこそ唯一無二のシステムと教わっていたのですが、時代は変わってきています。中国は2015年に独自の決済システム「CIPS（シップス：Cross-Border Interbank Payment System）」を構築し完成させました。

実はこのCIPSがあればシステムとしてSWIFTの代替は可能です。したがってロシアを世界の決済網から完全に切り離すことはできません。

しかもこのCIPSは中国が作ったもの。ともすればロシアに融通する可能性は非常に高いと見ています。現時点でロシアの銀行がCIPSに加盟していることを確認できませんでしたが、中国四大銀行の一つである中国工商銀行のモスクワ支店がCIPSの基幹行と呼ばれる大きな権限を持った銀行として登録されていることがわかっています。おそらくはここを起点にロシア国内に広がっていくのでしょう。

もちろんEUやアメリカ・日本などは仮にCIPS決済においてもロシアとの取引を拒否するでしょうから、ロシアとしては大きな取引相手を失うことになり、痛みは伴います。

しかし、国際的な決済が全くできない、これで全く手が詰んでしまうということにはなりません。

ここで金融マーケットに詳しい読者ならば、「いや中国がロシアにＣＩＰＳを融通したならば、ＥＵやアメリカが中国に経済制裁をするはずだ」と考えるかもしれません。これは非常に鋭い意見であって、短期の金融市場はそれを警戒して動いているような面もたしかに見られます。

これについては判断に難しいのですが、たとえば中国カード大手の銀聯《ぎんれん》（英語名：Union Pay）がロシア最大手銀ズベルバンクなど制裁対象の銀行との協業を拒否したとの報道もありますので、自分たちへの二次被害を警戒している、その事実については間違いないでしょう。

ですが中国の立場に立って考えてみると、そもそも中国自身がウクライナと交易関係があり、最新兵器や穀物などをウクライナから仕入れているため、ロシアに過度に肩入れしづらいと考えるのがより正確かもしれません。

ロシアは国境を接している中国に対して最新式の武器を供与していないので、ウクライナが中国に対してその役割を担っていたという見方もあります。たとえば中国は空母「遼寧」の元となった未完成の旧ソ連の空母「ワリャーグ」をウクライナから購入した実例があります。

また中国のウクライナ輸入品目を見ていくと、OEC（The Observatory of Economic Complrexity：貿易データを見える化したウェブサイト）の2020年データで上から石炭が34・4%、トウモロコシが19・1%で、種子油13・4%、大麦が6・5%となっています。石炭は中国の電力資源の約半分を占めており、また、トウモロコシは中国の食を支える豚の飼料として用いられています。中国が戦略的パートナーのロシアに配慮するのは当然としても、ウクライナも重要な貿易相手国であり、できれば中立の立場を取りたいのでしょう。

しかし、最終的なジャッジとして中国が二択を迫られた場合には戦略的パートナーであるロシアを選ぶことになると考えます。先の協業を拒否したとの報道から1か月も経たずに、中国の在ロシア大使館から、中国人民銀行（中央銀行）とロシア中央銀行が決済システムで協力を深める方針を明らかにしたとの報が出てきました。

中国の民間レベルで（仮にユニオンペイが）取引を拒否したとしても、両国を動かす力学は「民」ではなく「官」であり、両国政府が仲裁役となって入ることで、ロシアとの協力体制を築いていくのでしょう。

よってEUやアメリカは中国をロシアに与さないように舵取りをしていく必要があります。中国を抑えつけるにしても、やりすぎてはかえって中国とロシアとの関係を強化してしまいますので、このあたりのさじ加減が重要になってくるでしょう。

また中国では「上に政策有、下に対策有」という考え方があります。民間は政策を上手くかいくぐる、よしなにやるというのはそもそも中国人の商習慣なので、中国とロシアとの間の商取引を完全に止めることは難しいと思います。

現在、ＣＩＰＳは、特にアジア・欧州圏で加盟行が増加傾向にあります。自著『米中金融戦争』を執筆した際（２０２０年６月末現在）では96か国、９８０の参加金融機関を集めていたのですが、２０２２年２月末時点では、１２１２の金融機関を集めており、約１年半の間に２３２行も参加金融機関が増えていることが判明しました。驚くべきペースで増えています。

なぜ、これほどまでに多くの国の金融機関がＣＩＰＳへの参加を決めたのでしょうか？

一つには海外取引に占める中国の割合が大きくなっていることから、中国と取引するユーザー自体が増えていることが挙げられます。あくまでＳＷＩＦＴに乗っている人民元の決済比率にはなりますが２０２２年１月時点で３・２％、世界第４位の決済比率にまで上昇しています。これは日本円の決済比率2・79％を上回るものです。

実際にはＳＷＩＦＴの決済に加えてＣＩＰＳ経由でやり取りされた人民元決済が加わりますのでイメージとして人民元は既に世界の５％前後の決済を持っていると考えればよいと思います。

ＣＩＰＳの普及は中国政府が力を入れて取り組んでいる海外送金事業ですから、当然、中国内の金融機関はＣＩＰＳを使用するよう強く勧められていますし、中国と経済的につながりの深い地域の銀行であれば、中国政府の意を汲んで進んでＣＩＰＳに加入します。

そしてもう一つは、ＣＩＰＳがアメリカを含む先進国の金融制裁をかいくぐることが可能な決済システムであることも急拡大している大きな一因です。たとえば、ＳＷＩＦＴ社はアメリカやＥＵの要請に応じて、イランに対して、複数回にわたって取引制限を設けています。事の是非は別にして、イランからすれば、これはたまったものではありません。他国との代金の受け渡しが一切できなくなってしまうのであれば、代替手段を探すしかなく、その代替手段としての役割をＣＩＰＳが果たしています。

近年、アメリカが金融制裁を行う対象は広範囲に及んでいます。前述のイランに加えて、北朝鮮、タリバン関係者（アフガニスタンを中心に活動するイスラム過激派組織）や、その他テロに関与する者、そして今回の制裁におけるロシア政府要人やオリガルヒを加えると、その全容を把握するのは困難を極めるほどです。

　海外送金の申込書には、「お取引の当事者の所在地・関係国・関係地等に、北朝鮮、イラン、キューバ、シリア、クリミア地域が含まれている場合、またはアメリカ政府により特定されている、テロリスト、麻薬取引者、大量破壊兵器取引者、多国籍犯罪組織などの関与するお取引の場合、お取り扱いができない可能性があります」といった留意事項が添えられています。この留意事項に該当する取引相手こそ、まさにアメリカが金融制裁を行っている対象者なのです。

　これを「アメリカＯＦＡＣ（Office of Foreign Assets Control）規制」と呼びます。日本語に訳すと、「海外資産管理局規制」といった意味になります。

　非常に重要なことなのですが、ドルが世界中で使用されている以上、ドルの基軸通貨性（通貨価値の基準となり、また多くの国際決済において用いられていること）はアメリカにとって強力な武器であり、それゆえにどの国もアメリカに逆らいづらい面があります。一方で、このようにアメリカが一方的に権限を持って制裁をできるＯＦＡＣ規制があるからこそ中国を含む各国はアメリカの金融制裁を警戒しＣＩＰＳのようなシステムを作り上げたとも言

■ロシアへの主な経済制裁の一覧（2022年6月1日現在）

■資産凍結

個人や企業資産の凍結

アメリカが、プーチン大統領、ラブロフ外相を含む600以上の個人及び組織の資産を凍結
イギリスが、ロマン・アブラモビッチ氏らロシア人の富豪1267人、151組織の資産を凍結
EUがウクライナの主権と領土を侵害に関与した1094の個人と、80の組織の資産を凍結
日本が、ロシア及びドネツク人民共和国（自称）の760の個人と、201の組織の資産を凍結

外貨準備の凍結

英米、ユーロ圏（EU加盟国のうちユーロを法定通貨に用いている国）、
日本が、ロシア中銀の外貨準備を凍結（外貨準備全体の約65%）

■取引制限

国際決済システムから排除

アメリカがロシア最大の金融機関ズベルバンク及び、
富裕層向けアルファバンクとの全ての取引を停止
国際送金大手の英ワイズ（旧トランスファーワイズ）がロシア向け送金の取り扱いを停止
アメリカ・イギリス・カナダの支持をもとに、EUが、ロシア2位のVTBバンクなどロシア大手7行と
ベラルーシの3行をSWIFTから排除。SWIFT社がこれを承認。
※最大手のズベルバンクとエネルギー部門に強いガスプロムバンクは排除を見送り

通貨取引の制限

アメリカがロシア中銀とのドル取引を停止
EUが制裁対象者との暗号資産（仮想通貨）の利用を制限
日本が制裁対象者との暗号資産の利用を制限

貿易取引の制限

G7はロシアの最恵国待遇（世界貿易機関加盟国の間で認められる低関税）を撤回する方針
G7（主要7か国）として、ロシア産原油輸入を禁止する方針（段階的な措置）
日米EUが、ハイテク製品の輸出を原則禁止
アメリカが、ロシアからの輸入品すべてに高い関税を課す方針（北朝鮮並みの対応）
アメリカが、ロシアとの原油、天然ガス、石炭取引を全面停止
イギリスが、ロシアからの原油の輸入を段階的に減らし、年末までに停止する方針。
天然ガスの輸入依存度の引き下げも検討。
※そのほか、軍事、輸送機器、嗜好品など各国の制限品目は多岐にわたる

新規投資の制限

アメリカがロシアへの新規投資を全面停止
EUがロシアへの新規投資を制限

■事業停止

内資：ファーストリテイリング、三菱電機、SMBCアビエーションキャピタルなど60社以上
外資：JPモルガン、GS、キャタピラー、ホテルヒルトン、マクドナルド、アマゾン、スターバックス、
コカ・コーラ、英シェル、エアキャップなど（アメリカで200社超え）

■領空閉鎖

EUやイギリス、アメリカ、カナダなどロシアの航空機に対する領空を閉鎖

※ロシアへの制裁は日米EUに加えて、台湾やシンガポール、韓国、カナダ、オーストラリア、
ニュージーランドなど参加しているが、経済的な影響の大きい、日米EUおよびイギリスを中心に記した（筆者）

えます。

経済制裁はブーメランです。アメリカが他国への制裁を強めれば強めるほどに最終的に自分に返ってくるというのも一つのポイントとして覚えておいて損はないでしょう。

デジタル人民元による国際決済はあり得るのか

一部に、中国はロシアとデジタル人民元で決済するのではないか？　との指摘も見られます。

デジタル人民元とは中国の貨幣である人民元のデジタル版です。中国語では「央行数字貨币」と呼ばれており、中国の中央銀行が、現金の代替としてデジタル通貨を発行します。北京オリンピックでは商品等の売買においてデジタル人民元の決済を許容するなど、その普及や対外的なアピールにも力を入れて取り組んでいます。

ですが現段階においては国内の個人決済機能の一部を果たしているに過ぎません。したがって構想としてあったとしても、制裁の対象となるような、大口の銀行間の国際決済取引を、敢えてデジタル人民元を用いて行う段階にはないと考えます。

そもそも大口の銀行間の国際決済取引システムがＣＩＰＳですので、ロシアにＣＩＰＳの利用を許可して、それで決済をすれば足りるので、わざわざ実験段階にあるデジタル人民元で国際決済を試みることはないでしょう。

他方で、中国は、中央銀行が発行するデジタル通貨をめぐって国境をまたぐ決済システムの研究を加速させています。中国人民銀行は２０２１年２月に香港やタイ、アラブ首長国連邦（ＵＡＥ）の中央銀行とデジタル通貨の共同研究を始めると発表しました。結論としては、現段階においてはデジタル人民元で国際商取引を行うのは、飛躍した議論ということです。

経済制裁の効果によりロシアはどう変化するか

経済制裁が科されたことにより今後のロシア経済やロシア政府の行動がどのように変化していくかを考えていきます。

一つは、既に現実に起きていることでもありますが、ロシアは中国との結びつきをより強めていくということが真っ先に考えられます。２００４年まではロシアと中国は国境問題を抱えていたのですが、同年の「中露国境協定（1970年代から続く中国とロシアの国境画定の完了）」を経て、両国の国境問題は解決し、以降は良好な関係を築いています。

またアメリカの政策変更も中ロ関係の強化につながっています。トランプ政権においては1対1の貿易の不均衡を訴えて各国と交渉をしていましたが、バイデン政権下においては「人権問題」を前面に推し進めることで、民主主義陣営と権威主義陣営の対立構造を際立たせており、この状況下においてはパワーバランスの観点から中ロが力を合わせることは必然です。

次にインドとの関係強化が考えられます。

ロシアはそもそも国家戦略として「多極化」を推進しています。これはボリス・エリツィン大統領時代の首相エフゲニー・プリマコフ氏の時代より推し進められており、アメリカの1強体制ではなく、たとえばEU、アメリカ、中国、ロシア、インドの5極など、多極で世界バランスを保っていくべきだとする構想に沿って動いています。

そうした国家戦略のもと、これから大国の仲間入りを果たすであろうインドとの関係を強化していくことは理にかなっています。伝統的に非同盟、全方位外交を志向するインドはロシアの体制を許容できる可能性が高く、大量の資源を必要とする資源輸入国として、ロシア経済との相性もよく、またロシアから武器を輸入していることもあり、国連総会のロシア非難決議を棄権しています。

ロシアへの効果的な制裁とは

ロシアへの効果的な経済制裁を実現するとすれば、対外的な収入源である資源輸出を完全に止めることが重要です。しかし、それではEUや日本における資源調達コストの高騰が想定され、結果として経済活動が停滞してしまいかねず、現実的ではありません。

2022年5月9日、G7がロシアからの石油の輸入を段階的、もしくは即時禁止することで一致したとの方針を発表しましたが、アメリカやイギリスは産油国ですので即時停止できますが、EUや日本は原油など化石燃料に乏しいため、段階的な措置をとることとなります。

またこうした動きは世界の民主主義陣営全体が、中国など権威主義陣営を巻き込みながら進めていかなければならず、そのハードルは依然として高いといえます。

もう一つ効果的な経済制裁は、中東など産油国の協力を得て、原油や天然ガスの供給量を増やし、需給バランスを崩して、資源価格を低下させることです。

ところがアメリカと中東の関係も芳しくありませんし、そもそも中東としても資源価格を低下することは経済的な痛みを伴いますので、現時点では供給サイドに働きかける動きも難航していると見るのが無難でしょう。

軍事的手段を講じるという方法もありますが、ＮＡＴＯは動かないことを宣言しており、これも現時点では非現実的です。そもそも多くの国がロシアの政治的な崩壊を望んでいない可能性もあります。ロシアの一般国民が大きな混乱へと巻き込まれることも望ましくありませんし、核兵器を持つロシアの行動を制御できるかも見極めなければなりません。

こうした状況を投資家らは見越していると考えられ、結果としてロシアルーブルの価値はウクライナ侵攻以前の水準よりも高い位置にまで戻ってきています。

金融マーケットの反応として経済制裁の効果は現時点ではそこまで大きくないと私は考えています。また執筆にあたりロシアの産業構造を考慮しても、やはり資源、特に原油と天然ガスが重要であり、ＳＷＩＦＴの件に関しても代替手段はありますので、制裁の種類は多岐にわたっているものの、効果を十分に発揮できていないと感じます。

ロシアに対して資源輸出をどこまで禁じられるか、資源価格をどこまで低下させることができるか、ここがロシアに対する経済制裁のポイントです。

日本はロシアに対してどう接するべきか?

2020年のロシアの全貿易に占める日本の割合は輸出入ともに3%弱とそこまで大きな割合を占めていません。したがって日本単独でロシアに対してさまざまな策を講じるよりも、各国と協調して足並みを揃えた制裁を行っていくことが重要です。

EUや日本の政府関係者は既に本書で述べてきたことと大筋で同様の解に至っていると思いますので、ロシアの資源輸出を封じたいと考えているはずです。

岸田首相は2022年4月26日、テレビ東京の番組で、原子力発電所の再稼働をめぐり、「原子力規制委員会の審査の合理化・効率化を図り、審査体制も強化しながら、できるだけ可能な原発は動かしていきたい」と発言しました。

これは物価上昇を抑え内閣の支持率の向上につなげたい考えと、もう一点は各国と協調でロシアへの資源依存を低減させたい考えによるものと推測されます。

日本も含めて多くの国が化石燃料を中東やロシアに頼らざるを得ず、ゆえにそれらの国に対して何かを譲歩せざるを得ない局面が出てきてしまうので、先に述べた原発だけでなく、併せてクリーンなエネルギーを含めた新エネルギーの確保に向けて国を挙げて取り組んでいく必要があります。

北方領土問題については大変に残念なことではありますが、協調制裁へと踏み切ったことで一旦は棚上げとなってしまいました。２０２１年７月に領土割譲禁止を明記したロシア憲法改正があり、返還交渉については既に厳しい状況にあったのですが、今回、ロシアは北方領土の経済協力をめぐる日本との対話を打ち切り、ビザなし交流についても制限すると宣言するなどさらに一段と厳しい状況になっています。

ロシアは過去に中国に対して国境を譲歩した経緯もありますし、日本も過去から粘り強く交渉してきたので、これで話が振り出しに戻ってしまったことは大変遺憾です。日本が現実的に抱えている国境問題などの大きな問題を解決していくためには、日本自身が世界の国々と対等に交渉をできる力を身につけていく必要があると思います。そしてその交渉力の根拠となるのは、資源のない日本にとっては、やはり日本経済の再興にあると考えます。

資源もない経済力もない、軍事力も制限されているとなると、国際社会での存在感は発揮できません。強い日本、強い経済に向けて取り組んでいくことを今後の政府に期待していますし、自分自身、その分野で貢献できるよう努めていきたいです。

第二章

資源高とインフレ

世界中でインフレが起きている理由

各国がロシアからの資源輸入の禁止になかなか踏み切れないのは、そもそも各国がロシアの資源を必要としているからですが、もう一つの大きな理由としては各国の強いインフレ圧力が挙げられます。たとえばユーロ圏は2022年3月とその1年前とを比べると既に7・4％の物価上昇が起こっています。1年前に100ユーロで買えたものが、現在は107・4ユーロでないと買えない状況です。

このような状況でロシアに対して資源輸出を禁じると、さらに資源価格が高騰し、より強いインフレ圧力が発生してしまいます。ゆえに各国はロシアに対して制裁を科したいものの、資源関連に関してはどうしても思い切った措置をとることができずにいます。

前述の通り、今年に入ってからカザフスタン、スリランカ、トルコ、ペルーなどでは資源価格の高騰を通じた物価の上昇が要因のデモが発生しています。日本のインフレ圧力は海外と比べて相対的に低く抑えられていますが、特に輸入品の値上げなどは既に現実となりつつあります。そもそも、なぜ今これほどまでに世界中でインフレ圧力が高まっているのでしょうか？　少し詳しく説明します。

1点目の理由は新型コロナウイルスによる感染拡大を乗り越えたあとの経済のV字回復です。

2019年末から被害が拡大し2020年の経済活動は大きく落ち込みましたが、その後、段階的に世界景気は回復し、生活もwithコロナ体制へと移行する中で、少なくともウクライナ侵攻までは経済活動はV字回復傾向にありました。また2021年の低成長からの反発もあって急激に需要が高まっていました。

2点目が世界的な金融緩和とその反動です。

コロナ危機の際に先進各国の中央銀行が大量に資金を供給したことで世の中の資金量は急増しています。また多くの先進国がゼロ金利へと引き下げ、景気刺激を与え続けたことも現在の大きなインフレ圧力につながっていると考えます。

3点目はサプライチェーンの目詰まりです。

新型コロナウイルスの影響で航空便が減少したり、そもそも工場の稼働が止まってしまったりと、平時の生産・流通体制とは異なっています。全般に産業製品が品薄になり、一方で経済活動は回復しているため、需要は増えているのですが、供給が減ってしまったり、遅れてしまったりすることでモノやサービスの価格が上昇しています。

４点目が米中対立です。

中国の驚異的な成長を主な背景に米中覇権争いは激化しています。互いに貿易品に対して関税をかけあっており、これも商品価格の高騰につながっています。執筆時点でアメリカが対中関税を見直す報道が入ってきており、これは今後インフレ圧力の改善につながる可能性があります。

５点目がウクライナ侵攻です。

各国がロシアに対して経済制裁を科し、ロシアからの資源輸入を減らすことで、資源調達のコストは上昇します。物事の道理はさておき、よりシンプルに表現すると、サプライヤーが一つ減るので、またはサプライヤーと揉めているので資源価格が上昇するということです。

他にも細かな要因はあるかもしれませんが、ざっと主な現象を提示しました。

ではインフレ圧力はいつになれば弱まるのか？　ということが重要です。私はこれらのインフレ要因が捌《は》けると、そこがインフレのピークになると考えています。

新型コロナウイルスに対するワクチンやその他の感染症対策の普及により、グローバルに見れば新型コロナウイルスの新規感染者数、新規死亡者数ともに減少していますので、この点は前向きな材料と言えます。

ただし中国が頑《かたく》なにゼロコロナ政策を敷いて、サプライチェーンの目詰まりを引き起こしていることは懸念材料で、これは下手をすると1～2年間程度続く可能性があると考えます。

また米中対立の激化を主因とした関税の上昇ですが、これはアメリカ政府から見直しの動きが見られるなど、ここにきてやや前向きな兆候が見られています。ですが段階的に引き上げてきた関税ですので、戻す時も段階的に行っていくのであれば、こちらも1～2年間にわたって影響を及ぼし続けるでしょう。

また関税の見直しそのものが現在の急進的なインフレへの一時的な対応であって、そもそも米中対立については世界の覇権争いでもありますので、競争そのものは長期的に行われる可能性が高く、このように考えれば、やはり中長期にわたって米中間で何かしらの軋《あつ》轢《れき》は生むと思いますので、あまり楽観視しないほうがよいでしょう。

またウクライナ侵攻はいまだに終わりが見えていませんし、戦後にロシアへの経済制裁が急に解除されることもないでしょうから、ロシア関連のインフレ上昇圧力は、今後数年間は掛かり続ける点に注意しておく必要があります。

つまり一部に前向きな材料は見られるものの、インフレ上昇圧力が今後数年間にわたって掛かり続けることを考えれば、当然、経済活動に負荷がかかってくることになります。こういった推測が金融市場では広がっており、それが株価の下押し圧力や円安の材料としてくすぶり続けています。

このインフレと経済の関係ににについて詳しく見ていきましょう。

なぜ過度なインフレは経済を苦しめるか？

実は、適度なインフレは世の中にとって必要なものとされています。なぜならば将来にわたって値段が上がっていくと思うからこそ、私たちの購買意欲は刺激されるからです。仮に将来にわたってモノやサービスの価格が下がっていくのであれば、「来年買えばよい」となってしまいますよね。まさにこれが日本の長年の不況の原因になっているわけですが、こういった状況を経済学ではデフレーション（以降はデフレ）と呼びます。

デフレの世の中では時間が経てば経つほどにモノやサービスの値段が下がっていきます

ので、なかなか需要が喚起されません。したがってある程度はインフレがある、つまりモノやサービスの値段が上がっていったほうが、経済は順調に回りやすいのです。

一方で現在のアメリカのように、年率8%前後で物価が上昇している場合は大きな問題となります。多くの場合に私たちの賃金は年に8%も上昇しないからです。特に低所得者層では生活に困窮することになります。そのため政府は常に物価の安定を重要政策に掲げています。

一般的に先進国では年率＋2%前後の消費者物価の目標が定められています。2%程度の物価上昇であれば、たとえば賃金の上昇も追いつく可能性がありますし、適度にモノの値段が上がっていく世の中なので、私たちもモノやサービスを来年ではなく今年に購入しようとインセンティブ（動機）が働き、経済活動が円滑に回る可能性が高まります。

また、現在のアメリカのように8%前後のインフレは一般に「高インフレ」と呼ばれ、それよりもさらにもう一段と激しいインフレのことを「ハイパーインフレ」と呼びます。

ハイパーインフレはいくつか基準があるのですが、国際会計基準の定めでは「3年間で累積100%以上の物価上昇」とあり、南米やアフリカなどで多く見られ、たとえばジンバブエやアルゼンチンなどがこのハイパーインフレ状態にあります。

そもそもなぜこんなに物価が上昇しているのかというと、逆説的には紙幣の価値が失われているからです。ピンとこないかもしれませんが、紙幣の価値とモノの価値は逆相関関係にあります。つまり紙幣の価値が上昇すれば物価は低下しますし、紙幣の価値が下落すれば相対的に物価は上昇します。ですからハイパーインフレとは、急速に紙幣の価値が失われている状況であり、つまり紙幣の発行元である国家への信認が急速に薄れているということでもあります。

この状況になると、自国の通貨を持っていてもどんどん価値がなくなっていきますので、闇両替などが盛んになります。新興国に旅行に行ったことのある人は、街のいたるところに両替所がある光景に遭遇したことがあるかと思います。これはそれだけ一般市民の間で外貨への両替ニーズがあるということです。自分の国の通貨ではなく、たとえば米ドルで保有しておきたい、といったニーズがまさに顕在化した状況ということです。

このハイパーインフレという状況は、経済と通貨の価値が連動していることを如実に感じ取ることができる現象であり、さらに詳しく見ていきましょう。

過去のハイパーインフレの世界

ここで、ドイツのハイパーインフレの例を見ていきたいと思います。

第一次世界大戦に敗れたドイツは戦勝国から高額な戦争賠償を請求され、その返済のために紙幣を刷り続けた結果、ハイパーインフレが発生します。

大妻女子大学名誉教授・森義信『ハイパーインフレーションとノートゲルト：1920年代初頭のドイツ社会史点描』によれば、高額面のライヒスマルク紙幣（1924年から1948年まで使用された、ドイツの公式通貨）やノートゲルト（ドイツとオーストリアで流通した非政府管轄の少額通貨）と呼ばれる紙幣が大量に発行され、市中に出回り、物価の高騰とマルク安の進行するなかで、旧来の紙幣は無価値となり、紙くずとして処分され、預貯金は融解し、金融資産を持った中産階層の人々、給与所得者や年金生活者の生活は破綻したといいます。

こういった経済状況の中では、紙幣ではなく物々交換であったり、売春、賭博、麻薬などが流行するようです。さすがにそこまでの状態にある国を実際に見たことはないですが、世界各国に足を運ぶのが趣味の私としても、相対的に貧しい国については、多かれ少なかれこのような傾向があるように感じています。

一時は過酷な経済状況に置かれたドイツですが、その後まもなく国家社会主義ドイツ労働者党（ナチス）の指導者アドルフ・ヒトラー氏が台頭してくることになります。国として財政が破綻し、国民も疲弊しつくした時に、過激な思想を支持する土壌ができるのでしょう。

また第二次世界大戦で敗れた日本でも戦後にハイパーインフレが発生しています。

（執筆当時は日本銀行金融研究所に所属され、現在は大妻女子大学学長である伊藤正直氏によれば、1945年8月の敗戦から、49年初めに至るまで、日本は数年間にわたって激しいインフレに直面し、第1次大戦後のドイツや同時期のハンガリーほどではなかったが、それでも1934－36年の卸売物価を1とすると49年までに約220倍、45年の水準からみても約70倍というハイパーインフレとなったようです。）

敗戦国においては、戦時中の費用と戦後の賠償金という負担が重なることで、ハイパーインフレが起きるのです。国の構造が崩壊する、つまり国が一つの組織として破綻した時、信用力に基づいて発行されていた通貨の価値が急速に減価してしまうのは必然なのです。

こう考えると通貨というものが、いかに国の力や信用と結びついているかがはっきりと伝わると思います。

したがってウクライナ侵攻直後に起こった、ロシアルーブルの減価はまさにロシアの凋《ちょう》落《らく》を織り込んだものであったといえます。そして経済制裁の内容が明らかになるにつれて、ロシアの資源輸出の継続や資源価格の高騰は必至とみるやロシアルーブルは急速に値を戻しました。これらは、政治的背景は抜きにして、ロシア経済やロシアそのものは回復していくであろうことを金融マーケットが織り込みにいったことを示唆しています。

いかがでしょうか？　実際の金融マーケットと座学で学ぶ経済の知識、これらが密接に結びついていることがわかると、経済や金融を学ぶことが楽しくなってくるはずです。

なお２０２１年末時点で、会計基準でハイパーインフレ（3年間で物価が2倍になる）を満たしている国は、世界１９３か国（日本を含めた日本の承認国）のうち、イラン、トルコ、アルゼンチン、スリナム共和国、ジンバブエ、キューバ、シリア、レバノン、スーダン、ベネズエラの10か国に上ります。

遠い世界のことのように感じますが、10／１９３か国で見られる、つまりハイパーインフレが決してあり得ないことではないとい確認できます。

ウクライナ侵攻で暴騰する資源価格と止まらないインフレ

私が金融マーケットから感じることは、実は制裁すればするほどにEU自らの首を絞めているのではないか？　ということです。

我々にとってはあまりなじみがない通貨ユーロとロシアルーブルの交換レートを見てみましょう。

戦争前2022年2月15日に1EUR＝86RUBだった交換レートは、5月5日時点では1EUR＝70RUBとなっており、ユーロ安、ロシアルーブル高が進んでいます。にわかには信じられないと思うのですが、国家の力を反映しやすい為替レートが物語っているのはユーロ売り、ロシアルーブル買いです。

戦争が続けば続くほどに資源の供給制約が発生し、資源価格は高騰していきます。となると資源輸入が多いユーロ圏の経済が疲弊し、資源輸出国のロシア経済が潤っていくことになります。もちろん資源だけで世の中を判断してよいとは思っていませんが、たとえばロシアへの先進技術等の輸出禁止措置によるロシア産業への下押し圧力については時間がかかることですので、経済に対して即効性の高い下押し圧力は資源価格の高騰とロシアからEUへの資源供給制約なのでしょう。

皮肉なことに、制裁しているほうが、少なくとも足元ではダメージが大きい、しかもそれを投資家は見透かしているということです。

金融マーケットの本当に興味深い点は、メディア等の論述に惑わされず自分なりの一つの判断軸を持つことができることです。ぜひさまざま金融マーケットを眺めてみてください。金融から見る世界と、報道されている世界、そこには大きな差があります。

特に日本に住んでいる場合には中国やロシアに関する報道については割り引いてみるクセをつけておくとよいでしょう。なぜならばメディアは私たちが中国やロシアに親しみを覚えていないことを知っていて、民主主義陣営に都合のよい方向に着色しがちだからです。

もちろんこれには逆もあり、中国やロシアでは権威主義陣営側に都合のよい方向に、さらに振り切って着色しがちです。ですから中国などに居住する場合には、発信される情報に冷ややかな目線を持つことが求められます。

脚色された情報から自身を守る習慣が、大切であるということをぜひ忘れないでください。

今後のEUとロシアの経済関係

さて少し脱線しましたが、本題に戻り、ここからはロシアと諸外国の関係について見ていきます。

ロシアとEUの貿易関係は相互依存関係にあり、かつ地理的に近いこともあって、非常に深く結びついています。

ロシアにとってEUは最大の貿易相手地域であり、2020年のデータで輸出入のそれぞれ37%前後を占めています。主に化石燃料や天然資源をEUに輸出し、機械や車両などを輸入しています。

またEUにとってもロシアは第5位の貿易相手国であり、特に化石燃料や天然資源に関してロシアを頼っています。また、意外にも、ロシアに最も投資しているのもEUです。

EUのオフィシャルサイトによれば、1997年にEUとロシアの間でPCA(Partnership and Cooperation Agreement)と呼ばれる相互のパートナーシップ協定が結ばれ、以降はその貿易や投資協定に沿ってロシアとの関係が構築、強化されてきました。ところが、2014年のロシアによるクリミア併合を受けてPCAに関するいくつかの協力関係や協議がストップしている状況です。

このような状況下にあって、ウクライナ侵攻が起こり、EUはロシアへの経済制裁をさらに強めている状況です。戦争の終わり方次第ではありますが、しばらくはEUとロシアの関係は冬の時代が続くであろうことは想像に難くないところです。

一方でこれだけ深い貿易関係や、地理関係、また過去の投資を鑑みるに、白紙にするのも難しいのが現状でしょう。現在のEUは徐々に時間をかけてロシアからフェードアウトしていく方向に傾いていますが、時が流れればEU側の政治家や国民感情にも変化が表れているでしょうし、常に波のある関係とでも言いますか、近づいたり離れたりを繰り返すのかもしれません。

これは日本と中国の関係にも少し通じるところがあるように思います。

もちろん日本と中国の関係はEUとロシアの関係と、その貿易構造や産業構造においても異なるわけですが、経済が相互に依存している点と、政治体制がそれぞれ異なる点で似ています。

政治的な関係が良好であればより密接に経済が結びつき、そうでなくなると経済が切り離されていく、日本と中国も長年にわたってその構図を繰り返していますが、ＥＵとロシアについても同じことが繰り返されるのか、それともこの戦争を機に大きく切り離す方向へと向かっていくのか注目されます。

中国、インドとの資源取引へシフトするロシア

ロシアにとってＥＵは最大の貿易相手国であり、出資国でもあります。したがってＥＵから制裁を受けることはロシアにとって非常に厳しい経済措置であり、またこの影響を受け続ける一方で、何も対策を講じなければ将来のロシアの経済発展は難しいでしょう。

ロシアの動きとしては、おそらくは徐々に欧州向け輸出を、インドや中国、アジアへと振りわけていくのではないかと思います。欧州よりもアジアとの関係構築に向かうであろう、という予測です。

ＯＥＣのデータによれば、２０２０年時点のロシアからアジアへの輸出を上位から並べると、中国14・９％、トルコ４・０％、韓国３・８％、日本２・８％となっていますが、インドが１・８％とその経済規模と比較してかなり小さくなっています。この中でロシア

制裁に加わっている韓国と日本に向けた輸出を増やすのは困難でしょうから、おそらくは中国とトルコ、それから最も見込みのありそうなインドへと輸出攻勢を仕掛けることになると考えます。

前章でも少し触れましたが、インドは伝統的に非同盟、全方位外交を志向するので、ロシアの体制を許容できる可能性が高いですし、そもそもインドは大量の資源を必要とする資源輸入国です。じきに世界最大の人口を抱え、経済的にもさらに成長するインドに対していまから貿易関係を強化していけばロシア経済はＥＵからの制裁への大きな備えとなるでしょう。

反対に民主主義陣営はいかにしてインドを囲い込んでいくかが重要になります。インドは当然に自国の立ち位置の重要性を最大限に活用し、両陣営から良いとこ取りを目指していくのが通常の外交運営と思います。

これからの民主主義陣営と権威主義陣営の争いに、インドが大きなキープレイヤーになる予感がします。

存在感を増すトルコ

２０２２年3月29日、ロシアによるウクライナ軍事侵攻の停戦交渉がトルコのイスタンブールで行われました。

残念ながら停戦には至りませんでしたが、ベラルーシなど敵対国で行うのではなく、トルコのような第三国で開催されたことはウクライナにとって対等な立場で交渉に臨めた点で意義があります。

なぜトルコ？　と思うかもしれませんが、トルコはＥＵとロシア双方と良好な関係を築いています。

トルコは多角的な平和外交を目指しており、たとえばＮＡＴＯに加盟しているなど欧米との協調関係が基本路線ですが、一方でロシアとは武器やエネルギー関連において緊密な関係を築いています。また多角的な外交を目指す理由として、欧州、中東、中央アジア、コーカサス地域の結節点という土地柄も深く関係しているように思います。

２０１９年に同地を訪れましたが、有名なボスポラス海峡に足を運び、ここがヨーロッパとアジアの境目であると思うと、なかなか感慨深いものがありました。蛇足ですが、海峡の近くではサバサンドと呼ばれるパンに焼いたサバを挟んだものが売られていました。シンプルな庶民の食べ物ですが、アジアとヨーロッパの人種が入り組むボスポラス海峡周辺で食べると格別に美味しく感じられるものでした。

トルコは長らくEUやアメリカから中近東産の原油や天然ガスの中継地としての役割を期待されています。特にEUはロシアへの天然ガス依存が多く、その代替先がないことでロシアに対して強い対応を取ることができません。これはEUの長年の課題になっており、その解決のために既にいくつかのプロジェクトが完工し、運用を始めています。

アゼルバイジャンのバクーからトルコのエルズルムを結ぶ「サウス・コーカサス・パイプライン」、トルコを東西に横断する「TANAP（Trans-Anatolian gas pipeline）」、トルコ西部からギリシャ、アルバニアを経由しイタリア南部のサンフォカまでをつなぐ「TAP（Trans Adriatic Pipeline）」、これらが「南ガス回廊」と呼ばれ、カスピ海で生産される天然ガスを、ロシアを介さずに欧州市場に輸出するガス輸送手段として有名です。

IEA（International Energy Agency、国際エネルギー機関）によると2021年のEUの天然ガス輸入は1550億立方メートルあり、うち45%をロシアから、つまり約697・5

億立方メートルをロシアから輸入しています。たとえば前述の「南ガス回廊」においては、TAP報告で年間100億立方メートルの輸送能力なので、実際にこのプロジェクトだけでEUの天然ガス輸入を補完しきれないことがわかります。

天然ガスの生産量では1位がアメリカ、2位がロシアですが、3位にイラン、5位にカタール、8位にサウジアラビアとここでも中東勢が代替手段の候補としてあがります。したがってEUはトルコを結節点としつつ、なんとか中近東からの天然ガス輸入量を増やしたいのだと思います。

私が経営大学院の国際政治の授業で学んだ教材には、「Global Energy Group」の元トルコ経営責任者Kanat Emiroglu氏の言葉として、「トルコには三つの将来があり、一つ目がひどい天然ガスの購入者で、二つ目が単なるトランジット（天然ガス等の中継）国で、三つ目が天然ガスの価格決定者としての道である」としています。1の場合は経済下押し、2は現状維持、3は非常にポジティブなシナリオです。

今回のウクライナ侵攻を通じて、トルコの存在感は高まっています。EUやロシア、そして化石燃料を豊富に持つ中東の仲介役、中継地点としてのトルコに注目することで、また違った景色が見えてくると考えています。

日本は資源高およびインフレとどう向き合うべきか

周知の通り、日本は化石燃料に乏しい国です。IEAによれば、2020年の日本のエネルギー自給率は約11％と低水準です。これはたとえば産業構造が似ているとして比較されることが多い製造大国のドイツと比べても低い数値で、ドイツは約35％の自給率があります。

また経済産業省資源エネルギー庁の「2020―日本が抱えているエネルギー問題（前後編）」によれば、日本のエネルギー自給率が低い大きな原因は、国内にエネルギー資源が乏しいこととされています。2011年に起こった東日本大震災の影響で国内の原子力発電所が停止し、再び火力発電が増加しており、そのため現在の化石燃料への依存度は84・8％と高い数値にとどまっています。

こういった中で日本政府が進めていきたい方向性は「エネルギーミックス」と呼ばれる、発電手段の多様化です。さまざまな発電手段を通じて自給率を引き上げる方針で、そこにはたとえば再生可能エネルギーへの注力や原子力発電の再開も含まれています。

私が仕事で関係する企業の間でも風力、水力、水素など、新しいエネルギーの開発にチャレンジするプレイヤーが増えている印象です。世界的にも気候変動問題など二酸化炭素の排出に関するグローバルな課題に取り組む機運が高まっており、その影響も小さくないのでしょう。

さてこのような状況にありますが、日本はどのようにこの資源高を乗り越えていくべきでしょうか？

たとえば、私たちがニュースで目にする「サハリン2」と呼ばれるロシア初のLNGガスプロジェクトには三井物産株式会社が12・5％、三菱商事株式会社が10％とそれぞれ出資しています。ロシアの開発を支えてどうするのか？　という論調は高まっているものの日本政府や両社は現在のところプロジェクトから撤退する意向は見せていません。

出資比率とは、言ってみれば会社の権利を保有している割合です。

日本の現在のエネルギー自給率を鑑みるとこういった資源権益を増やす方向で動いていくことが望まれますし、相手がロシアだからといって、いますぐに出資を引き揚げる判断は性急と考えます。

ロシアとの共同プロジェクトについて、これから新たに進める必要はないと思いますが、既存のプロジェクトについては現状維持をキープし、そのうえで他国との資源関連共同開発プロジェクトには国策としてより積極的に絡んでいく必要があるでしょう。

それから、やはり為替を円高にしていく必要があります。

為替が円安に振れると化石燃料の外貨建て価格が高くなってしまい、実質的な費用負担が増えてしまいますが、反対に為替が円高に振れれば、化石燃料の外貨建て価格は円ベースで安くなり、費用負担を削減できます。

為替を円高にするためには日本の経済が再び活気づくほかに道はありません。小手先の為替介入で円高になったとしても一時しのぎですから、日本が成長して、そのファンダメンタルズ（経済の状況）に基づいて為替が円高になっていくことが重要です。

大枠で言えば国内から次々に新しいベンチャーが出てきて、もっともっと海外に進出する企業が増えてくる、こういう勢いのある国にならないといけません。そのためには既存の仕事の進め方にとらわれず、規制を緩和し、失敗を恐れず、チャレンジを奨励するような仕組みを作っていく必要があるでしょう。

インフレと金利の関係

次にインフレと関係の深い金利や株式について見ていきます。

2022年に入って株式市場全体が軟調に推移しています。

たとえば世界でも有数の知名度を誇るアメリカの代表的な株価指数S&P500を例にとると、年始の4796・56ドルから4月末の終値4131・93ドルまで13・9%程度下落しています。

これにはさまざまな見方がありますが、ウクライナ侵攻で資源高が長引き経済に下押し圧力がかかりそうなことに加えて、アメリカなど主要先進国の金利が上昇して、資金調達環境が悪化してくることも要因の一つと考えられています。

私が銀行の為替ディーリング部門で働いていた頃、上司からはすべての金融商品の源は金利であり、ゆえに金利を理解すれば、金融マーケットへの理解が深まると教わりました。それくらい金利を理解することは、世界の金融マーケットを理解するうえで重要と考えられています。

基本的に金利は市場で自由に設定されます。ただし、それらの基礎となる金利が存在し、これが各国中央銀行が管理する「政策金利」と呼ばれるものです。

政策金利は通常は翌日物、つまり1日間の金利を指すことが多く、意図としては1日の金利が定まれば、その他の期間の金利にもある程度の波及効果が及ぶことが期待されています。また近年は短期の政策金利を調整することに加えて、長期の年限の金利を調整することにより、短期から長期までの金利全体のカーブをコントロールする政策を採り入れる場合があり、これがＹＣＣ（Yield Curve Control）と呼ばれています。

中央銀行はこの政策金利を上げたり下げたりすることで、景気を抑制したり、刺激したりするのですが、その目的は景気調節とともに、物価の安定でもあります。金利を引き下げることで景気刺激や物価上昇を期待し、金利を引き上げることで景気や物価上昇の抑制を図るのです。

このように政策金利を引き上げることを「利上げ」、引き下げることを「利下げ」と呼びます。ニュースや新聞等でも耳にする機会もあるかもしれませんが、利上げや利下げは、実は物価の安定を目的としたものである場合が非常に多いです。

ここまでお伝えしている通り、物価のコントロールが効かなくなると国は崩壊の危機に瀕しますので、そういったことにならないよう金融面では中央銀行が大きな役割を果たしており、そのための代表的なツールの一つが金利調節、すなわち政策金利ということになります。

今、アメリカを中心に主要先進国の中央銀行は利上げに転じています。

金利先物市場という将来の金利を取引する市場があるのですが、そこではアメリカの政策金利は２０２３年の３月頃に３・３％を超える水準で取引されています。２０２２年５月５日時点のＦＦレート（Federal Funds Rate）と呼ばれる政策金利は０・８％台ですので今後10か月程度でさらに約２・５％の利上げを見込んでいることになります。

利上げが行われたのちに、高い水準で政策金利が維持されると経済活動が徐々に停滞していく効果があります。そのためどの程度、政策金利が高水準でとどまるのかも非常に重要で、現在は少なくとも２０２３年～２０２４年までは高水準でとどまるというのが大方の見方でもあり、ＦＥＤ（Federal Reserve Systemの略称、アメリカの中央銀行）メンバーの見方でもあります。こういった金利水準の見通しがアメリカのＳ＆Ｐ５００指数など米株価が下落している一つの要因になっています。

なぜ今、政策金利は急上昇しているのか

　ではなぜ今、世界中で金利が上昇する、いわゆる利上げ局面に入っているのでしょうか？

　一つには物価上昇が止まらなくなってきていることが挙げられます。アメリカは典型例ですが、景気がよくなってきたことに加えて、さらに物価上昇が止まらなくなってきたからこそ、ＦＲＢ、アメリカの金融当局は利上げを急いでいます。

　一章で詳しく説明しましたが、物価上昇圧力がかかり続けている要因は主に５つあって、以下の通りです。

①世界的な金融緩和とその反動
②新型コロナウイルス蔓延後の経済のＶ字回復
③サプライチェーンの目詰まり
④米中対立による関税の付加

⑤ ウクライナ侵攻による資源価格高騰

①と②に関しては利上げなど金融引締めによる効果が期待されますが、一方で③④⑤は金融緩和とは別の要因でコストが上昇しているので、本質的には金融引締め以外の方法で解決していくことが望ましいです。しかしそうも言っていられないということで、金融面で③④⑤についてもカバーすべく利上げを急いでいる状況です。

特にサプライチェーンの目詰まりに関しては製造業勤務の知人に聞いても相当深刻なようで、精密部品などはどんどんと納期が後ろ倒しになっている状況のようです。それに加えて最近は、中国は上海市のロックダウンなど不測の事態によりさらにタイムラグや供給不足が発生しインフレ圧力が高まっている状況です。

コロナの影響やそれを受けた米中対立激化があり、また足元ではウクライナ侵攻へとつながるなど、やはり世界の経済と出来事が連動していることを強く感じます。

通貨供給量の調節が株価をさらに下押し

金利を段階的に引き上げていくことを利上げと呼びますが、この利上げのタイミングに入ると教科書的には株が売られやすくなります。なぜならば金利を引き上げることで景気に下押し圧力が掛かるからです。

さらに今回、金融の中心であるアメリカは利上げだけではなくバランスシート（貸借対照表、ここではアメリカの中央銀行であるＦＥＤが買い取った資産を指す）の縮小と呼ばれる、中央銀行の資産圧縮も行います。簡単に言ってしまうと、市中からお金を吸収するオペレーションを行っていくということです。市中からお金が減ると、それだけ株式市場に流れるお金も減ることが想定され、ゆえに株価にも下押し圧力が掛かります。

中央銀行の政策を理解するのは難しいと思われる方も多いと思いますのでここで簡単に整理します。

通常、金融政策は大きく二つに分類することができます。

一つがこれまでに述べてきた「金利調節」、そしてもう一つがこれからお話しする「通貨供給量の調節」になります。

金利の調節は、金利を上げたり、金利を下げたりすることで景気を刺激したり、抑制する政策です。

■通貨供給量の調節イメージ図

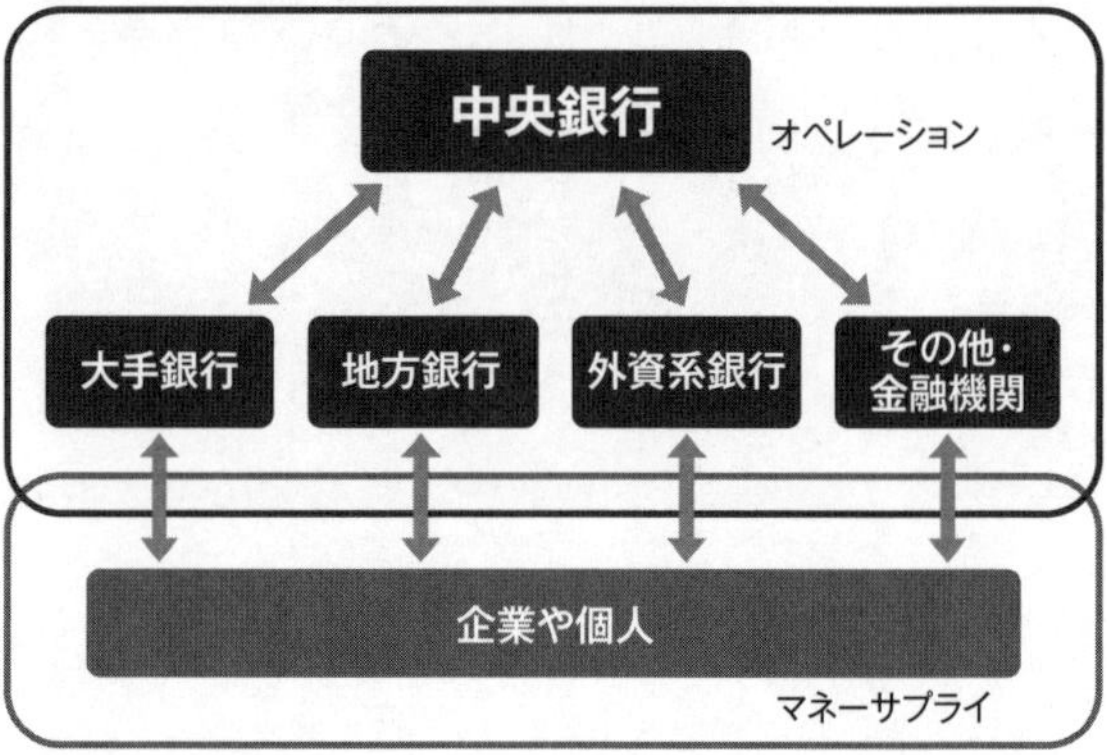

筆者作成

通貨供給量の調節は大きく二つの場所を意識して行っており、一つが中央銀行と民間銀行の間を、もう一つが民間銀行と企業や個人の間を意識しています。ざっくり添付の図のようなイメージです。

まず中央銀行が民間銀行と資金の調節をします。これがオペ（オペレーションの略称）と呼ばれ、通貨供給量などの調節手段として使われています。

中央銀行と一個人と取引していたら、中央銀行の事務負担が大きくなり大変ですから、間に民間の銀行が入っているわけです。これが、銀行が社会インフラであるといわれる所以です。

今回のアメリカの場合はバランスシートの

縮小を2022年6月から行うわけですが、資産、つまり中央銀行が保有している債券や証券を真ん中の銀行群に買い取ってもらいます。すると銀行群から中央銀行に現金が振り込まれ、銀行群が資産を譲り受ける形になり、銀行群から現金が減少します（※今回のアメリカのバランスシート縮小ペースは6～8月に国債を300億ドル、MBS［Mortgage-backed securities、住宅ローン担保証券］を175億ドルの計475億ドルとし、9月からは国債を600億ドル、MBSを350億ドルの計950億ドルで行われる予定です）。

すると銀行の現金は減少し、銀行は企業や個人に対して融資を減らしていくインセンティブが高まりますので、企業や個人に行き渡る資金の量は次第に減少していくことになります。

この時、「企業と個人が一体いくらの資金を保有しているのだろう、十分に金融引締め的になっているのだろうか？」と確認するツールがマネーサプライと呼ばれる政府統計です。具体的には、一般法人、個人、地方公共団体などの通貨保有主体（金融機関・中央政府を除いた経済主体）が保有する通貨（現金通貨や預金通貨など）の残高を集計しています。

もちろん通貨供給量だけで通貨や株式などの価格が決定されているわけではありません。個別の企業業績や為替レート、景気動向も影響しますし、現在ではウクライナ侵攻が長引いていますから、そういったセンチメントの悪化（心理的な不安）も価格に大きく影響を与えます。

ここでは通貨供給量を絞ると、株などリスク資産に下押し圧力が掛かりやすく、絞られた通貨の価値は上昇しやすいという点はぜひ覚えておいてください。

アメリカの場合には、株には下押し圧力がかかり、ドルの価値が上昇しやすい局面ということです。

世界株安はいつまで続くのか

2022年に入って世界の株式市場は軒並み軟調に推移しています。この悪いセンチメントはいつまで続くのでしょうか？

私は急ピッチで進める金融引締めの環境下において、株価は上がりにくいと考えています。速いペースで利上げと、バランスシートの縮小が進み、結果的に銀行の現金余力が減り、市中のマネーが減少する可能性が高いのですから株価にはやはり下押し圧力が掛かります。

では中央銀行が引締め的な方向から脱却を図る、または再び緩和的な方向に舵を切っていくのがいつになるのか？　ここが、株価が反転するポイントになると考えています。繰り返しになりますが、新型コロナウイルスの影響や、米中対立、ウクライナ侵攻、そういったものを受けた資源高、および産業製品価格の上昇、それら諸々の影響を受けたインフレ圧力を抑えるためにアメリカや先進各国の中央銀行は引締め的な金融政策に舵を切っています。したがって、中央銀行が舵取りを変えるにはインフレ圧力が和らぐことが必須ですし、それが今しばらくは難しそうであることを考慮すると、しばらくは引締め的な金融政策を続けざるを得ません。

このように考えると現時点で株価の大幅な上昇を期待することは難しいように思います。私は上記のように考えているため、資産形成における現物株こそ保持しているものの、ＣＦＤ（Contract for difference、差金決済）と呼ばれるレバレッジを効かした株取引において買いから入ることをしばらく手控えていますし、今後もしばらくは様子見の方針です。

今の話を聞いてなんだか当然のことを言っているなと思う方は上級者の方だと思います。ですが淡々とマーケットの状況に合わせてオペレーションをしていくことは案外に難しいものですから、急な株価の下押しには十分に気をつけてください。

金利が示唆する世界はデフレ

みなさんはTIPSと呼ばれるプロダクトについて聞いたことがありますか?

これを知っていたらかなりのマーケット通ですが、「Treasury Inflation-Protected Securities」の略で、「アメリカの物価連動国債」を指す言葉です。

国債は最も安全な運用資産として知られていますが、たとえばその利回りよりも、実際のモノの値段の上昇スピードが速かった場合には、お金は増えたとしても、その実質的な価値は目減りしてしまいます。

どういうことかというと、たとえば1万ドルで国債を購入して仮に年利2%の利息を獲得できたとしても、世の中の物価がたとえば年率3%で上昇した結果、1万ドルの車が翌年に1・03万ドルになっているのであれば昨年に車を買っておけばよかったとなってしまいますよね。

この物価連動国債は物価の増減を元本の増減で補填する金融商品です。

私自身は保有していませんが、インフレ対策として有効な手段ですので覚えておくとよいでしょう。ですがここでお伝えしたいのは、実は２０２２年3月末時点で、この物価連動国債の利回りがマイナス０・52％になってしまっていたことです。これは何を示唆していたかというと、足元の10年物国債の利回り（２０２２年3月末：２・35％）で運用した場合に、期待される物価上昇のペースが速く、２・35％程度の利回りであれば物価負けしてしまう可能性が高いことを示唆していました。

つまり市場参加者は今後10年間にわたってもインフレ圧力がかなり根強く高いと予想していて、中央銀行はさらに引締め的な運用へと舵を切らざるを得ないと考えており、具体的には米10年債で運用するならば２・35％＋０・52％＝２・87％の運用利回りがないと物価負けしてしまうと考えていたのです。

厳密には10年物の米国債には担保としての価値も高いため一概にこれらの数値でもって、たとえば10年間の平均インフレ率が２・87％であると断言できないところもあるのですが、それでもＦＥＤ（アメリカの中央銀行）の物価目標が２・０％であることを鑑みると、市場参加者は中長期的に物価上昇のペースが速いと想定していたことを物語っています。

とすればＦＥＤは中長期的にインフレ圧力に悩まされ、さらに追加で金融引締めをせざるを得ません。するとたとえば「通貨供給量が減少し株価への下押し圧力が掛かりやすくなるから米株は伸びないだろう」、こういうふうに考える投資家が多いのでしょう。

いかがだったでしょうか？　このように金利と株式の間には深い関係性があります。

私は為替を生業としていますのでそこまで力を入れて金利や株式の取引をしているわけではなく、実は金利や株式をヒントに、為替市場を占ったり、推測したりしています。資源価格、インフレ、金利と株価、こういったことと為替のつながりがわかってくると、世の中が密接につながっていることがわかり、日々の経済ニュースや政治ニュースを見るのがとても楽しくなってきます。

今後の企業の資金調達戦略はどうあるべきか

さて最後に企業の資金調達戦略についても触れていきたいと思います。

なぜならば金利や株式とは本来、企業の資金調達と密接に関わっているからです。

金利といえば債券ですが、国が発行するものが「国債」、企業が発行するものが「社債」でそれぞれ資金調達の手段です。そしてその調達金利が運用者からすれば利回りです。

株式も企業にとっては資金調達手段です。

お金を借りたら期限内に返さなければなりませんが、株式を売却して得たお金はその会社を清算するまで使うことができます。その代わりに会社の権利を渡しているので、言ってみれば会社の血を売っているわけです。

今後は少なくともアメリカで、日本もおそらくはインフレ圧力が掛かり徐々に調達金利が上昇してくることになります。また金利だけでなく資金の総量も金融緩和の縮小の過程で減る可能性があります。

したがって資金を確保できる時に確保しておくことが肝要と思われます。油断していると資金調達環境が急速に悪化することも想定されますので、十分に気をつけるべきです。

そのうえでできるだけ低利で資金調達しておいたほうがよいですから、やはり時期も早め早めに動くのがよいでしょう。

金利先物市場では2023年のアメリカの政策金利は3・50％程度までの上昇が見込まれており、今年より来年はさらに金利水準の高い1年間になっていることが想定されています。

また市況が悪くなってくると新規上場などにもお金が集まりにくくなります。お金が集まりにくいということは、当然、新規上場の際の株価も低く設定されてしまう可能性が高いです。

つまりせっかく大事な株式を渡して資金調達をしても、安く買いたたかれてしまうことになりますので、上場を検討される財務担当者は市況についても意識しておく必要があります。

第三章

通貨と為替と国力

通貨とは？

ここでは、通貨やその交換レートである為替について見ていきたいと思います。

通貨とは何か？　とあまりじっくり考えることは少ないと思います。

各国はそれぞれ独自の通貨を保有しています。日本でいえば日本円、アメリカでいえば米ドル、ロシアで言えばロシアルーブルがそれに該当します。

通貨は「支払い手段」として、また「モノやサービスの価値を測る尺度」として利用可能で、さらに「価値の貯蔵」ができるものです。これは私たちが普段の生活で肌感覚として感じていると思います。

私は上記に加えて、通貨は国家そのものの「力」または「信用力」と考えています。ゆえにその通貨の価値はおおむねその国の経済の勢いや財務の健全性などを反映していると考えます。

たとえば高度成長期の日本や、急成長を続けた中国では通貨価値の大幅な上昇が起こりました。やはり成長する、周りの国からお金が集まってくるという状況が通貨の価値を上昇させたように思います。

一方で、第一次世界大戦に敗れたドイツや第二次世界大戦に敗れた日本では通貨の価値が急速に減価してしまったことからもわかるように、国が一度大きく崩れてしまう局面ではどうしても通貨の価値は下落してしまいます。

そういう意味では執筆時点における円安について私はかなり心配しています。

数値でみてもたとえば日本のＧＤＰは30年ほど横ばい成長が続いており相対的に国力が衰えてきていますし、体感値としてもどこか勢いがないように感じられるからです。

本章の結論でもあるのですが、日本円の価値が再びしっかりと上昇していくためには日本の経済成長が欠かせません。日本が魅力ある国となり、世界中から人が集まってくる国にならない限り、日本円が急上昇する可能性は低いです。

ウクライナ侵攻以降に特に日本円相場は大きく下落して、私たちの生活への影響も日に日に大きくなってきています。本章では外国為替相場の理解に必要な知識を網羅的にまとめるとともに、現在起こっている事象についても解説していきます。

為替レートは交換レート

円安や円高といった表現は円と、他の通貨を比べた相対的な表現になります。この相対的な表現を正しく理解するためには為替レートの理解が不可欠です。

一つの通貨ともう一つの通貨を交換するレートが為替レートです。以前は専用の端末がないと確認できなかったようですが、いまはインターネットさえあればおおよそ正確なレートを把握することができます。「1ドル130円」とテレビで表示されているのを見かけたことがあると思いますが、あれがまさにアメリカのドルと、日本の円の交換レートです。

一方で私たちが実生活で両替を行う機会は少ないと思います。せいぜい海外旅行に行く際に空港で両替をしたり、現地の両替商で日本円を現地通貨に替えたりするくらいではないでしょうか。最近はクレジットカードの国際決済も充実していますので、ことさらに両替の機会が少なくなっているように思います。

ですが為替レートは実際には日々の生活に大きく影響を与えています。

たとえば私たちが海外の食料品や嗜好品などを購入する際には日本円を支払っていると思います。これは多くの場合に輸入企業が米ドルやユーロなどを用いて海外製品を仕入れ、それを日本円で卸し、小売業の方がみなさんの手の届くところに日本円建てで商品を陳列しているからです。

最近のニュースでは人気の携帯電話ｉＰｈｏｎｅの廉価版「ｉＰｈｏｎｅ ＳＥ」（第３世代）が発売されＳＥ２の４万４８００円からＳＥ３は５万７８００円に1万３０００円ほど値上げされ、ついに5万円の大台を超えたと報じられていましたが、これはおそらくアップル社の円安対応と思います。このように円安が進むと実際に私たちの商品価格へと反映されていく点がポイントです。

為替レートは通貨の価値を相対的に測る手段

次に別の見方で為替レートを捉えてみたいと思います。具体的には為替レートは通貨の価値を相対的に測る尺度という考え方です。

一つの通貨ともう一つの通貨を交換するレートが為替レートですから、日本円が高いとか、日本円が安いというのはどこの国の通貨と比べて高いのか安いのかということを考えていきます。この見方によって、ある程度、その国の勢いを相対的に知ることができます。

1971年に1ドル360円だった米ドルと日本円の交換レートが、1995年には一時70円台の後半までドル安円高が進行したことも当時の日本がアメリカと比べて急激に成長していたことを少なからず反映しています。一方で2010年以降、足元130円までの円安局面においては日本よりもアメリカの経済的な力強さがより目立った時期でもありました。

ここで、私がまだ銀行員だった2018年に訪れたイスラエルについて触れます。地中海に面する中東の国で宗教の聖地エルサレムが有名ですが、他にも先進的な軍事技術を持つことや、多くのスタートアップ企業が生まれていることなどから、近年では投資の対象先としても注目が集まっています。

なんとイスラエルの通貨シェケルは、ここ20年で米ドルに対して30％ほど上昇しています。私はこうしたことからもやはり通貨の価値はその国の経済的な勢いをある程度反映すると考えるようになりました。

現地の施設や会社を見学して驚いたのは、スタートアップのマインド（心持ち）に加えて、実は物価の高さでもあります。当時は周りの人々から中東は危ないから、渡航を控えるようにと心配されました。そうした地域ですら日本よりも既に格段に物価が高いという事実に衝撃を受けました。いつまでも日本が凄いなどと思っているとさまざまな国に抜かされていくばかりだと感じた出来事でもありました。

さらに言うとポーランド系のイスラエル人の友人に紹介してもらった小綺麗なヴィラに宿泊したのですが、サービスの担当者はロシア出身のユダヤ系イスラエル人でした。イスラエルとロシア、ユダヤとロシアと言ったほうが正確でしょうか、その関係は深いです。現イスラエル首相のナフタリ・ベネット氏の両親の家系も父方がポーランド系で、母方がロシア系のようです。このようにイスラエルにはポーランドやロシアからの移民がたくさん住んでいます。

イスラエルは基本的には米国陣営にいます。ですが特に第二次世界大戦におけるロシアの対ドイツ戦争など、ホロコーストを行ったドイツを打倒した立役者でもあるロシアと歴史的に深い協力関係があります。そのため、今回のウクライナ侵攻において、トルコもそうですが、イスラエルもとても重要な立ち位置にいます。戦争が始まって以降の２０２２

年3月にもベネット首相がロシアを往訪し、また現在もさまざまなレベルで情報交換を行っているものと推測されます。

少し脱線しましたがイスラエルの件を含めて、海外に身を置くと今まで見えてなかった世界が見えることがあります。これが、私が現地に足を運ぶことを大切にしている理由です。

世界の状況が落ち着いた時に、ぜひさまざまな国に足を運んで、通貨の価値とその国の勢い、歴史などを肌で感じてみてください。きっと私がお伝えしたことを実感できるはずです。

ロシアルーブルは本当に紙切れになるのか

ウクライナ侵攻を通じて金融マーケットではロシアルーブルにも注目が集まりました。

各国の経済制裁を受けてマーケットは急激にロシア売りに傾き、ロシアルーブルの価値が急落したからです。

ですが残念ながらと言いますか、43ページで述べたように、通貨の価値はするすると戻ってきてしまい、戦争前の水準よりもさらに高い水準まで回復しています。これについて「経済制裁は効いていないのか？」と思う方もいると思います。

結論から言うと、経済制裁の効果は「少なくとも目先は大きな効果はない」と市場参加者は判断していると思います。なぜなら資源がないＥＵや日本などがロシアから資源を輸入せざるを得ないからです。

となるとロシアには外貨が入ってくるわけですから、そう簡単にロシアルーブルの価値が失われることはないでしょう。

またロシアがロシア産天然ガスを購入する非友好国企業にロシアルーブルでの支払いを求める方針を打ち出したこともルーブル高に寄与しています。

政権維持のためにはなんとしても物価の上昇を抑えないといけないので、ロシアルーブルの価値を高く維持して、インフレを抑制したいのでしょう。ロシアは今後も為替レートの水準を測りながら、状況に応じてこのロシアルーブル払いの対象プロダクトを拡大していくと考えられます。

それから資源価格が高騰していることもロシアルーブルにはプラスに働いています。ロシアは資源輸出国ですので、資源価格とロシアルーブルの価格には高い相関関係があります。真にロシアを苦しめたいのであれば中東を巻き込んで資源の需給バランスを崩し、資源価格を急落させるような経済制裁でなければならないということです。

原油・天然ガス・ロシアルーブル、この3点をいかにして崩すか？　ここがロシア制裁の最も重要なポイントです。

心情的には経済制裁は効いていると思いたくなりますし、実際に全く効いていないわけでもないと思うのですが、目先で相対的にダメージが大きいのはもしかすると資源輸入国であるEUや日本のほうかもしれないという目線を持っておくと良いです。資源高によりEUや日本は支払い外貨が増えるので、ユーロ安や円安に振れやすくなっています。

今回のロシアの動きを見ていて感じるのは、現在の世界は相互依存で成り立っているということです。ロシアからは資源を、中国からは製品をそれぞれ輸入しなければ私たちの生活コストはどんどん高くなっていきます。だからこそ我々もロシアや中国に対して強い経済制裁に踏み込めないし、違う主義や思想を抱える国と、仮に気が乗らなかったとしても相互に取引する必要があります。

またそういった国との関係が深まったり、離れたりというのも波があるように感じています。政治家が変わったり政権が変わったり、はたまた年月が経って私たちの考え方が変わったり、こういったことを通じて、ロシアや中国とつかず離れずの関係がこれまでも続いてきたように思います。

これらの国と協力関係を築くにしても、築かないにしても、自国の経済を繁栄させていくことが国際的な交渉力を持つために必要です。そして自国の経済を大きく発展させていくためには、やはり協力関係にある国を増やしていくことが大切です。

ですから、少なくとも目先は権威主義国とも協力関係を築いておかねば、国際競争で不利に働きますので、民主主義陣営との協力関係を維持しつつも、権威主義陣営とも折り合いをつけた外交を展開し、日本自身が力をつける以外に道はないと考えます。

通貨覇権争いの行方

まず覇権争いを見ていくうえで重要な基軸通貨について解説していきます。

基軸通貨とはすべての通貨の中心として通貨売買の中心に据えられる通貨のことです。

たとえばインターバンクと呼ばれる銀行間取引市場における通貨交換において、日本円をメキシコペソに交換したい場合は、日本円をドルに交換し、ドルをメキシコペソへと交換します。

厳密にはたとえば日本円とユーロのように両国ともに流動性が豊富にある通貨ですと直接、円とユーロで取引してしまうことも多いですが、それでもドルを介在して取引することもあるくらいに、価値の尺度としてドルと比べてどうか？　ということが意識され、それが外国為替実務にも反映されています。

昔はイギリスのポンドが、今はアメリカのドルが基軸通貨になっています。実際に貿易で使われているドルの割合も多く、近年は減少傾向にありますが、それでも2022年3月時点のSWIFTデータにおいて、貿易やサービスの支払いの43・9％が米ドルで決済されています。したがって個人や企業は、決済に備えて、最も使用頻度の高いドルを手元に保有しておくインセンティブがあります。

また世界の基軸通貨であるドルの価値は長期的に見ると、非常に安定しています。1973年のドルの相対的価値を100としたドル指数（「ドルインデックス」とも呼ばれます）は、2022年現在でも100を挟んで上下に推移しており、その価値が約50年間にわたって、一定の価格を維持してきたことを示しています。

個人にしても、企業にしても、価値が大きく目減りするような通貨でわざわざ資産を保有したいとは思いません。そのため、資産価値を維持するために、価値が長期間にわたって安定しているドル建てで資産を保有したいというインセンティブが働きます。

実際、ドルの資産価値は長年にわたって安定しているので、各国の中央銀行は外貨準備（為替介入などのために蓄えている資金）の多くをドルで保有しています。改めて説明しますが「中央銀行」とは、その国の通貨や紙幣を発行している、いわば政府の銀行であり、また民間銀行に対する資金の貸し手となることから、銀行の銀行とも呼ばれる重要な機関です。その中央銀行が外貨準備の多くをドルで保有している点も注目に値するでしょう。

世界通貨基金（ＩＭＦ）のデータによると、日銀を含め、世界各国の中央銀行が２０２1年12月末時点で保有する外貨準備のうち約58％が米ドルとなっており、米ドルがいかに信用されている通貨であるかがわかります。

ところで日本の企業はその海外子会社や海外企業とドルで決済していることが多いです。日本の企業は会計上、企業の価値を日本円で測るので、ドルで決済をすることは為替リスクを抱えることになります。

ですが日本企業でありながら、「ドル決済に伴う為替変動のリスクはリスクと見なさない」という考え方を持つ企業もいます。なぜなら本質的には世界で最も使われている通貨はドルであり、円で持っていることがリスクである、という考え方が背景にあるからです。つまり、会社としてはドルを中心に考えているので、日本の会計上で仮にドルの価値が円に対して下落して、為替差損が計上されてしまうことになっても、それは意に介さないというわけです。

それくらいに基軸通貨のドルは世界中で重宝され、世の中で使われている通貨ということです。

アメリカの繁栄が続いている理由

世界各国の中央銀行が外貨をドルで保有しているのですから、日本企業がドルを保有して、ドル決済を行うのも決してめずらしいことではありません。それは個人も同様で、資産家は資産をドルで保有します。

しかし、これらドルの保有者は単にドルを保有しているだけでは利息などのリターンを得ることはできません。そこでドル建ての金融商品、中でもアメリカ政府が発行する米国債や、株式市場に上場する米国株へ投資を行うことでリターンを得ようとします。

この資金がアメリカ債券市場、アメリカ株式市場などを通じて、アメリカ経済に流れ込みます。つまり現在のアメリカの繁栄は、全世界のマネーがドルに両替され、めぐりめぐって、アメリカに流れ込んでくることで成り立っている側面がある、ということです。

世界一の経済規模を誇り、常に世界の最先端を牽引《けんいん》するアメリカが今でも年間3％前後の力強い経済成長を達成できる大きな理由の一つもここにあります。世界中の資金がアメリカに流入し、それによって国の財政が潤い、企業の価値が向上し、現預金を含め、より多くの経営資源を保有できる状況になっていることが、アメリカの繁栄が続いている非常に大きな要因になっているのです。

私の印象では、このことを理解していない経営者や投資家は意外に多いです。ドルが世界の基軸通貨として君臨していることは、その強大な軍事力や政治力以上に力の根源であり、アメリカが誇る世界最大の既得権益と言えます。

また、ＥＵや中国がその座に近づこう、狙おうとする構想を少なからず持っていることも知っておくべきです。特に近年のユーロと人民元の勢いはすさまじいものがあり、ユーロの決済は２０２２年1月のＳＷＩＦＴデータで36・５％、人民元が３・２％でそれぞれ2位と4位につけています。1位と3位が現在の基軸通貨ドルと、過去の基軸通貨である英ポンドで、それぞれ39・9％と6・3％です。ユーロはドルに、人民元は英ポンドに接近してきています。ちなみに、日本は第5位です。

現在は米ドルが世界の血流ともいえる通貨決済システムにおいて基軸通貨の座を握っています。ですが、だんだんと切り崩されてきている点には注意が必要です。

私よりも世代が上の金融マンは、米ドル一強の世界を見てきたのでこの現況に違和感があるかもしれませんが、ユーロ、そして人民元が着実にそのシェアを奪っている点は押さえておきたいポイントです。

これらをよく理解しておけば、中国、EU、そして、日本など世界各国の動きを、単なる断片的なものではなく、一連の流れとして把握できる可能性が一層高まると思います。

人民元の国際化

国際政治の力学を見ていくうえで、もう一つ重要なポイントは、「人民元の国際化」です。これは簡単に言ってしまえば中国政府が「世の中でもっと人民元を使ってもらえるように」と進めている国策です。着目すべきは民主主義陣営ではなく、権威主義陣営である中国が進めているという点です。

米ドルやユーロ、英ポンドなどは西側諸国、いわゆる民主主義陣営の通貨です。世界に大きく影響力のある、戦後秩序を作ってきた国々の通貨ともいえます。

そこにきて人民元の決済比率の上昇はやはり異質です。私たち日本人は世界の大部分が西側諸国だけで構成されているような印象すら抱きがちですが、実際には権威主義国が多いのが実情です。

ロシアをはじめ、中央アジア、中東、アフリカでは、私たちと異なる統治体制を敷いている国が多いです。彼らにとっては中国のほうが政治体制の距離が近いのです。

ところが世の中で使われている通貨は米ドルやユーロなど民主主義陣営の通貨ばかりであり、アメリカやEUから通貨の使用制限などを盛り込んだ経済制裁を受けてしまうと身動きが取れなくなってしまいます。そこで一役を買うのが人民元の国際化です。

権威主義陣営からすると民主主義陣営の通貨ではない人民元とその国際化は非常に支持しやすく、そのため将来的に国際化が加速する可能性があります。またその場合には中国の人民元が現在のアメリカのドルのように一種の基軸通貨性を生み出し、中国経済がさらに一段と発展を遂げる可能性があります。

一章でお伝えしましたが、ウクライナ侵攻を通じて、ロシアにＳＷＩＦＴ使用制限が掛かる中で、ロシアの国際的な決済が中国製のＣＩＰＳ、つまり人民元建てで取引されることが想定されます。したがってますます人民元の国際化は加速すると考えておくとよいでしょう。

ただし、中国のＧＤＰが世界2位であることを考慮すると、現状ではそこまで進んでいるわけではありません。現在も決済比率を伸ばしているとはいえＳＷＩＦＴの取引実績で3・2％ですから、まだまだ米ドルやユーロには大きく離されているのが現状です。実際にはＣＩＰＳ取引があり、これはほとんどが人民元と想定されますので、ＣＩＰＳの取引を足して感覚的には5％弱くらいと見ています。

また、この緩やかな拡大ペースは、中国自身が選んでいる道でもあります。

中国は他の先進国と異なり、国をまたぐ資本移動に制限を設けています。具体的には海外から中国に対して投資を行う際は比較的、容易に入金できる一方、投資資金を中国から海外に引き揚げる際は、その理由をより具体的に説明し政府から承認を得る必要があります。

中国ではこれらの承認手続きを一手に担い管理する「外貨管理局」という機関が各省ご

とに設置されています。そして、国をまたぐ取引のすべてをかなり厳重にチェックしています。極論、外貨管理局が「ＮＯ」と言えば中国から海外へと資金を引き揚げることができないのです。

当然ですが、自分のお金が中国に行ったきり戻ってこない可能性があるので、投資家は中国への投資を手控えることになります。これは中国の資本移動制限リスクなどと呼ばれています。

したがって人民元が米ドルやユーロのように、世界の多くの人々が実際に「資産」として保有している通貨にならないと人民元の決済比率は上がってきませんし、また資本移動制限リスクが取り除かれなければ投資家は安心して中国に投資を行うことはできません。

ここは、痛しかゆしなのですが、もし、中国が仮に資本移動に制限を設けなかった場合、海外投資家の資金に加え、中国人の資金が国外に流出する懸念もあります。なぜかというと、中国人は中国のトップダウンの統治体制を私たち以上によく理解しているので、なんらかの危機的な状況が起これば、自分たちの資産が凍結されるリスクがあることを熟知しているからです。

私が人民元の為替レートに対してわりと強気に見ているといった話を中国内ですると、

中国人の友人からは驚かれます。その理由は、決まって「中国人は、人民元ではなく違う通貨で資産を保有したいでしょ？」というものです。いざとなった時に自分たちが海外へ逃亡し、そこで自由に使えるお金を残しておきたいと考えているのでしょう。自国を愛する一面と、自国ですらあまり信用しない中国人の一面がよく表れている事象です。

それから中国政府にとっては金融市場の動向によって大きく国内景気を左右されたくないという考えも含まれていると思います。日本では海外から入ってきたお金が一気に海外へと流出したことでバブルが崩壊しました。中国では5か年計画が有名ですが、社会主義経済時代からの伝統的な中長期の国家戦略に影響が出るような投機的なフローを抑制しておきたいというのも大きな理由として挙げられます。

私の見立てでは中国政府は人民元国際化のメリットとデメリットを常に天秤にかけていると思います。

したがって中国は経済成長のため、自国の経済安定のために人民元国際化が必要なら進めるし、そうではない、今は他にやることがあると判断すればそこまで力を入れて人民元国際化を進めることはありません。

今はどうでしょうか？　私が中央の政策担当者であれば無理して人民元の国際化を進め

ないと思います。なぜならば国としてとても順調に外貨を獲得できているからです。中国の経常収支はコロナ前までは落ち込んでいました。国が成長して製造コストが上がってきたことで貿易収支が伸びにくくなっていたこと、また国民が豊かになって海外旅行でいわゆる「爆買い」を通じてサービス収支が悪化していたことが主な要因でした。ところがコロナ以降は国民の海外旅行ができなくなりサービス収支が改善。さらに貿易についても価格の調整がついたのか、引き続き前年度以上の輸出額や、黒字額を計上できる体制を構築しています。

したがって、政府としてはメリットもデメリットも内包する人民元の国際化を焦って進める必要がないと判断していると思います。もちろん他国との経常取引の流れだけで中国経済を語れるものではないのですが、少なくとも資金の流れとしては既に外貨超、資金流入超になっているので、人民元の国際化を通じて外からの資金を無理に取り込む必要はないと考えているように思います。

少し詳しく見てきましたが、ここでは人民元の国際化はゆっくりでも歩みを進めていること、また権威主義陣営から重宝されていること、さらにロシアもＣＩＰＳに加盟し今後人民元の国際化がより一層注目を集めること、ただし政府としてはそこまで急いで人民元

■中国の経常収支の推移（単位：1億米ドル）

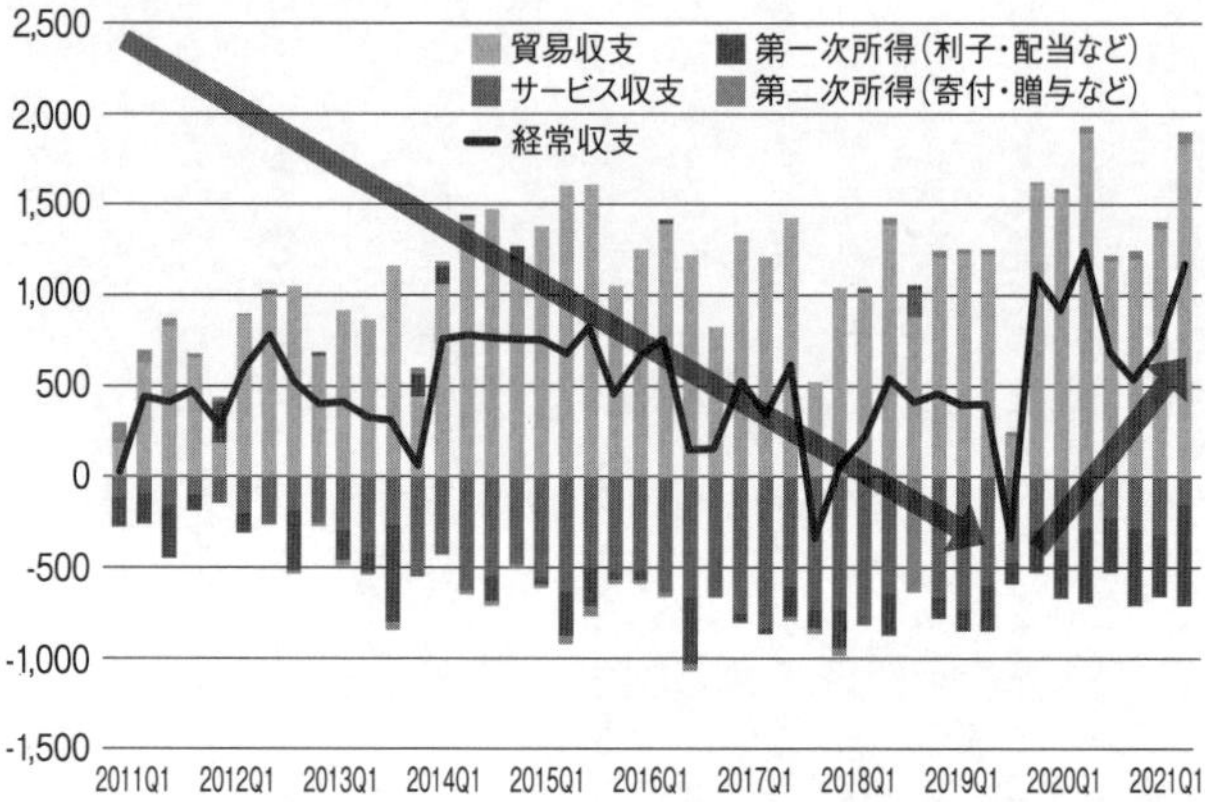

中国外貨管理局よりデータ取得し筆者作成

の国際化を進めていないことをお伝えしました。

通貨の一帯一路構想

次に通貨の一帯一路構想についても見ていきましょう。

一帯一路とは中国の習近平国家主席が提唱した中国から欧州までの道のりを、陸路「一帯」と海路「一路」でつなぐ構想です。中国と欧州はユーラシア大陸でつながっていますが、中央アジアには山岳地帯が多く、それこそ西遊記のような旅をしなくてはなりません。これを、インフラ開発を通じてより簡単に移動ができるようになれば、きっと中国にとっても世界にとっても新たな経済発展の力になるはずだ。簡単に言ってしまえばこういった考え方が一帯一路構想です。

また一帯一路を金銭面で支援する国際開発金融プロジェクトとして設立された金融機関がアジアインフラ投資銀行（AIIB：Asian Infrastructure Investment Bank）です。2015年12月に発足し、現在は105か国が参加する大きな国際プロジェクトとなりました。

もともとアジアにおける国際開発プロジェクトとして、日本とアメリカが主導するアジア開発銀行（ADB：Asian Development Bank）が1966年に発足しました。中国は1986年に加盟しています。また現在は日本とアメリカに次ぐ、3番目の出資者でもあります。

それからさらに30年以上経って、中国が経済的にも国際政治においてもプレゼンスを発揮できるようになり、自らが主導する一帯一路を支援するためのファンド（資金を集める器）を独自に用意したのがアジアインフラ投資銀行です。

2020年の年次報告ベースの融資実行額は、アジア開発銀行が316億ドルで、アジアインフラ投資銀行が99・8億ドルとなっており、アジア開発銀行のほうが少なくとも金額面ではプレゼンスを発揮している状況です。

近年は、米国と中国や、中国を筆頭勢力とする権威主義陣営と、アメリカなど民主主義陣営の対立構造も意識されていますので、ことさらにこの二つの国際金融プロジェクトが比較される機会も増えてきています。このあたりも押さえておくと世界の力学を見ていくうえで役に立つと思います。

なお中央アジア（カザフスタン、タジキスタン、ウズベキスタン、キルギス、トルクメニスタン）の人口は約7000万人と、その広大な国土に比してそこまで多くの人が住んでいるわけではありません。したがって中央アジアを発展させるためのプロジェクトというよりは中国と欧州、中国とアフリカをつなぐ、その中継地点としての中央アジアの交通インフラを整備することが大きな目的でしょう。

またカザフスタンは石油が、トルクメニスタンは天然ガスが豊富にとれます。こういった権益を中国が狙っている可能性もあります。もちろんEU側としても化石燃料は喉から手が出るほどほしいので、そういった意味でも中欧双方にとって一帯一路の意義は大いにあるのだと思います。

私は中国側からキルギス、タジキスタンの国境近くまで足を運んだことがありますが、標高が高く、軽い高山病になったのを覚えています。一方で中央アジア西部はカスピ海も広がり標高も低下するため比較的に過ごしやすい土地柄です。

ここで、一帯一路の代表的な案件をいくつか見てみましょう。

カザフスタン・コルガスのドライポート：中国とカザフスタンの国境沿いに位置し、この場所で積み荷を入れ替えて、目的地に向けて再出発します。線路の幅が国によって規格が異なるので、列車の入れ替えが必要になるそうです。このあたりは安全保障も絡んでいるのでしょう。

パキスタン・グワーダル港の開発：第二のドバイ構想と呼ばれる開発案件。世界で最も値上がりが意識される地域の一つでしたが、地元住民との摩擦で開発側の中国人に多数の死者が出るなど荒れ模様です。なお中パの関係は非常に深く、私の中では一帯一路と言えばカザフスタンかパキスタンかくらいのイメージがあります。

ベラルーシ・ミンスクの産業パーク：東欧で最大の工業団地。港も空港も近いのが売りです。今回のウクライナ侵攻でベラルーシはロシアに与《くみ》したため民主主義陣営の制裁の対象になっています。

エチオピアとジブチを結ぶ鉄道開発：東アフリカの代表的な案件で、ちょうどスエズ運河の入り口の地域です。この辺りまで一帯一路案件として進めてしまおうというざっくりした雰囲気も中国らしいと思います。なお中国に行くとわかりますが、中国とアフリカの人的交流はとても活発です。

一見すると素晴らしい構想のように聞こえますが、一方で問題もあります。たとえば同じく一帯一路の代表的な案件であるスリランカのハンバントタ港は中国国有企業に対する開発費用の返済が滞り、港ごと中国の国有企業に99年間貸し出すことになってしまい、これが実質中国によるスリランカの港の乗っ取りではないかともいわれています。

ですので、賛否両論ありながらも、中国が力を入れて積極的に取り組んでいこうというのがこの広域インフラ開発構想、一帯一路なのです。

さてここからが重要な論点です。

これからの中国にとって対外的な国の稼ぎ、すなわち外貨の獲得を増やしていくには、一帯一路が好ましいと考えられています。

中国が対外的に外貨を稼ぐ方法は三つあります。

一つはモノを作って海外に販売する方法、二つ目は他国に投資をして配当や利息などのリターンをもらう方法、三つ目が中国に投資をしてもらう方法です。

これらはそれぞれ国策として推進しており、順に「製造２０２５」「一帯一路」「人民元の国際化」といった呼び名をつけて現在も力を入れて取り組んでいます。

日本の場合はまずは製造大国として国の基盤を作り、そして中国を含むアジアへと進出を進めたことでさらに富める国へと発展しました。ですから中国は日本を参考にしながら自分たちはどの道を進んでいくべきかを考えています。

中国はこれまで一つ目のモノを作って海外に販売する製造大国として外貨を稼いできましたが、このモデルを長く続けることはできません。なぜならば年々、地代と人件費が上昇していく中で、日本のように、国内生産が不採算になっていく可能性が高いからです。

そのためにも中国は、他国に投資をして配当や利息などのリターンをもらう方法、つまり「一帯一路」に着手するか、または国に投資をしてもらう方法「人民元の国際化」をいずれ進めていく必要があります。

しかし人民元の国際化構想を達成するには、国をまたぐ人民元取引の自由化を進めなくてはならず、そのため中国人がそもそも資金を外に逃がしてしまう、いわゆるキャピタルフライトが発生する可能性もあるため、実験的な要素も含むので、最後の手段となるでしょう。

だからこそ新型コロナのロックダウンから早期に解放され、そのうえで一帯一路を進めていき、新たな外貨の収入源を確保しておく必要があります。また一帯一路はそれそのものが中国との取引を増やすことですから、ひいては人民元決済を増やすことにもつながるので人民元の国際化とセットで強化していくことができます。

となると黙ってはいられないのは民主主義陣営であり、アメリカが提唱する一帯一路がライバルとして出現してきた。これが近年の一帯一路をめぐる動きです。

アメリカによる「一帯一路」対抗構想

2021年3月に米バイデン大統領は英ジョンソン首相との会談で、民主主義陣営も中国の一帯一路と同様の構想を持つべきだと発言しました。

その流れを受けて2021年9月にはクアッド（日本、アメリカ、オーストラリア、インドの

4か国で行われる経済の対話の枠組み）でインド太平洋地域における途上国のインフラ支援策に合意し、ＡＵＫＵＳ（オーストラリア、イギリス、アメリカ）と呼ばれる3国間の軍事同盟が発足され太平洋地域における西側諸国のプレゼンスを高めようとする動きも見られています。

この一連の流れは明確に中国の一帯一路政策への対抗を狙ったものと考えられます。民主主義陣営の狙いは大きく二つあると考えています。

一つ目はこれ以上「権威主義」陣営を増やしたくないということです。中国の経済的、政治的影響が大きくなる中で、多くの国がより中国を意識するようになりました。たとえばフィリピンのドゥテルテ大統領は２０１６年の就任以来、中国との関係を重要視してきました。また最近では、民主化の進んでいたミャンマーも軍事政権が掌握し、政治的な混迷とともに、より一層、権威主義的な姿勢が強まっています。

民主主義、権威主義と一概に分類しても、そこにはさまざまなかたちがあるものです。オーストラリアやニュージーランドのように、民主主義としての思想が強い国もあれば、タイのようにうっすらと民主主義が根付いている国もあります。

英エコノミスト誌が抱える研究所が作成している民主主義指数と呼ばれる世界地図デー

タを見るとわかりやすいのですが、これから急成長が期待される南アジア・東南アジアには欠陥ある民主主義国家が広がっていることが確認できます。また中央アジアや中東・アフリカには権威主義体制の国が多いことが確認できます。

「中国の一帯一路政策を通じて、これ以上、盤面が権威主義に染まらぬよう、アメリカとイギリスが手を組み、支援をしていこう」、これがバイデン大統領の狙いの一つです。

二つ目が純粋に中国の一帯一路を妨害する狙いです。どういうことかというと、中国のみが一帯一路を提唱している現状では、一帯一路周辺国の投資機会の観点で、中国と一緒に開発するか、自力で開発するか以外の選択肢が生まれません。この選択肢しかないとどうしても中国と一緒に開発するほうへと傾きやすくなってしまいます。

ですからアメリカなど民主主義陣営に支えられた支援体制を選択肢に加えることで、周辺国に中国以外の選択肢を提示し、検討に加えてもらうことを狙いとしています。

日本もアジア開発銀行やＪＢＩＣ（国際協力銀行）を通じてアジアのインフラ支援を進めてきたのですが、近年は、中国の影響力が拡大する中で、アジア開発銀行だけでなく、アジアインフラ投資銀行からも支援を取り付けたいのが支援を受ける国の本音だと思います。また案件に対して出資する諸外国にとってもアジア開発銀行だけでなくもう一行あったほうが投資案件の選択肢が増えます。長年にわたり日本が中心となって続けてきたアジア経済支援活動はよい成果を上げていると思いますが、ここから先は日本だけで中国と張り合うことは難しいでしょう。

だからこそ、アメリカが中心に立って、アジアや、それこそ一帯一路地域に対しても、経済的支援を行っていくことが重要になるのです。

民主主義の一帯一路は正当なビジネスの競争であり、信義則に反する行いではないですから、アメリカはこの構想を堂々と進めることができます。さらにその中で、中国の不当な行動などを取り上げ、開示していくことで世論を味方につけることもできます。こうしたアメリカを中心とした民主主義陣営の動きが、一帯一路地域における米ドルの決済を増やしていくことにもつながっていきます。

このように通貨を取り巻く環境というのは、ある意味では地域を取り巻く環境でもあります。どの国を仲間につけるかという壮大な話で、だからこそ通貨や為替から学ぶことは、世界を学ぶことにもつながり、真に好奇心を刺激してくれる題材であると感じています。

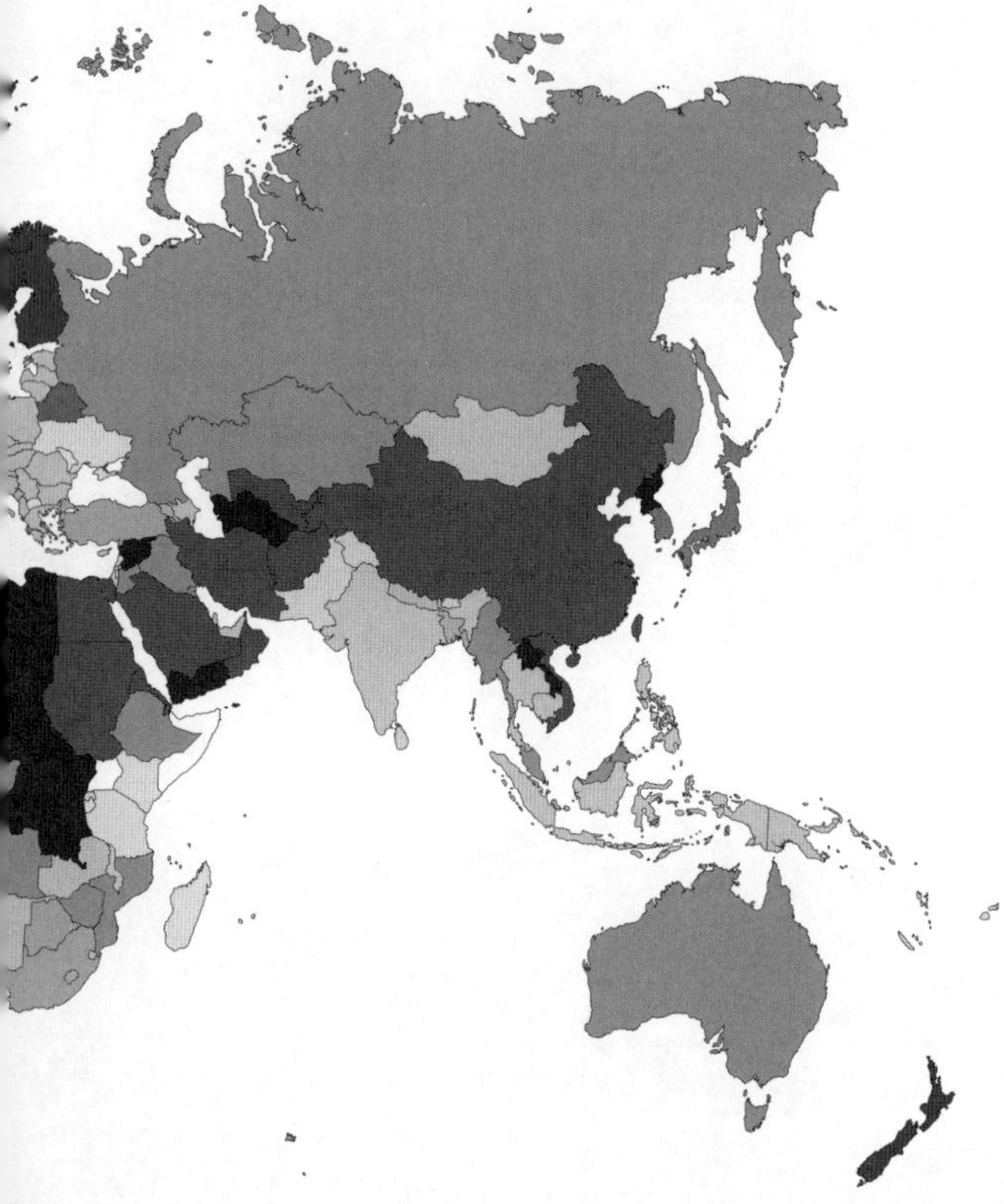

■民主主義指数（地図）

※英エコノミスト誌の調査部門
「エコノミスト・インテリジェンス・ユニット」（EIU）が作成している
民主主義指数Global Democracy Index 2020より

将来的に米ドル・ユーロ・人民元が大きなシェアを取り込む

さてここまで何度もお伝えしてきた通り、最終的に通貨はその国の経済力や成長の勢いを反映します。このように考えると現在のGDPの割合からすれば米ドル・ユーロ・人民元が引き続き高いシェアを誇っていくことが考えられます。

それにしてもこの三つの通貨に日本円が入っていない、入ってこない可能性について、みなさんはどのように考えますか？　そもそも人口も少ないのだから仕方がないと考えることもできます。

ですが私はアジアの中で日本円がその地域で使われるような通貨になってほしいと思っています。たとえばアジアに日本の銀行や証券会社、企業がひしめき合い、そこで日本円が多く使われる、そんなふうになっていく土壌が日本にはあると思っています。

日本が掲げる国際金融都市構想（東京、大阪、福岡が国や民間等と連携しながら、金融の活性化に向けた取組を推進する試み）も海外から名だたる企業が押し寄せて、大きなうねりになっているという印象はありません。英語でビジネスが進めづらい、税制が高めに設定されている、経済特区もない、このような状況では香港やシンガポールの後を追うことはできません。

通貨の決済比率を上げていくことそのものが目的になってしまっては本末転倒ですが、一方で通貨の決済比率が上昇していくことは、それだけ日本の価値が高く評価されていることでもあります。

日本が、中国の人民元国際化から学べることは多いと思います。特にアジア圏における存在感を維持拡大するためにも日本円の決済比率を上昇させる政策を打ち出しても良いのではないでしょうか。

なぜ日本円の価値が低下しているのか

ここで日本円の価値を改めて考えてみたいと思います。

日本円の価値はこの10年間で30％ほど減価しました。なぜ日本円の価値がこんなに安くなったのかというと、本質的には日本の経済が他国、特に基軸通貨ドルを有する米国と比べて相対的に弱くなっているからです。

繰り返しになりますが、通貨は国の力を表します。日本が相対的に貧しくなってきているからこそ、円が安くなってしまっているのです。

とはいえその要因だけの説明はやや乱暴でもあります。そもそもなぜいま円安が加速しているのかを簡単に振り返ります。

一つ目の要因として「資源高」が挙げられます。日本は化石燃料に乏しく、エネルギー自給率が低いので、海外からの輸入に頼らなくてはなりません。そのため現在の貿易赤字の主因でもありますが、外貨で化石燃料を輸入せねばならず、またその価格が上昇しているため、支払い外貨が増加しています。なおアメリカは世界有数の資源国ですので、資源高に大きく影響を受ける体質ではありません。

次にアメリカの金利上昇がドル高要因として効いています。アメリカのインフレ圧力は強く、FED（アメリカの中央銀行）は金利を急ピッチで引き上げ始めています。米金利が上昇することで投資家にとってドルで保有するインセンティブが高まることから、ドル買いのフローが発生しやすくなっています。

そしてFEDのバランスシート縮小もドル高要因です。銀行の現金を吸収するオペレーションを通じて、銀行が保有するドルが減少し、結果として市中に出回るドルの流動性が

■日本円と米ドルの変動要因

	日本円	米ドル
資源高	↓	―
アメリカの金利上昇	―	↑
FEDのバランスシート縮小	―	↑
日銀の金融緩和長期化	↓	―
日本の新しい資本主義	↓	―
個人投資家の海外投資が活発	↓	↑

筆者作成

減り、ドルの需要が高まります。

日本の中央銀行である日銀の金融緩和長期化も円安要因です。円の資金供給量を増やし続け、低金利政策を続けることで、円の希薄化が進んでいます。

日本の新しい資本主義も円安要因です。岸田総理が掲げる資本政策は根本的に社会主義経済寄りの発想で、公正な競争を阻害しますので、中長期的には円安に効いてきます。また海外投資家から見ても異質に捉えられ、円が売られる要因となります。

２０２２年5月に行われた岸田総理のロンドン講演を全文拝聴しました。目線は非常に高いところにあって、きっとこの政策を本気で進めれば日本は変わると思える内容である一方、総理自身の軸足は大衆にあり、政策そのものはウケの良いものを目指しますので、ちぐはぐな印象を受けました。結局、万人にウケの良い政策を行うと、どっちつかずの政策となり、おそらく日本は何も変わらないので、アクセルを踏むなら踏んでほしいと思います。

また日本への投資を呼びかけるメッセージも含まれていました。総理は「日本はこれからも力強い経済成長を続ける」とおっしゃっていますが、そもそもここ30年ほど日本は力強い経済成長はできていませんので間違えています。また投資を呼び込みたいのであれば英語でスピーチをしなければイギリス人の心には響かないです。日本人の起業家でさえ海外へと渡って慣れない英語でスピーチして資金調達をしているのですから、本当に資金調達を目指すのであれば、きちんと英文を作成して、それを読み上げれば良かったと思います。

私見ですが、日本の新しい資本主義は、本気で日本を経済成長に導くものではない、大衆に配慮したものである、そういう意図が伝わってきました。それも含めて私たち国民が選んだことですので、致し方のないことではありますが、少なくとも通貨、日本円にとってはマイナスに働くと思います。

それから日本の個人投資家の海外投資が活発になっていることも円安要因です。たとえば近年は米国株式市場への投資が賑わっていますが、こういった資金も円からドルへと両替が必要ですので、より一層、円安が進みやすくなっています。

ざっと見てもこれだけの円安、ドル高要因があり、相場の行きすぎの反動などで円高に振れる局面はあると思いますが、根本的に円を買いたくなるような材料はないため、円安は根深いと見ています。

円安は為替介入で止められるのか

足元２０２２年5月に入ってドルと円の交換レートは1ドル１３０円まで円安が進んでいます。そこで円安を為替介入で止められるのか？　という議論が活発になってきています。

為替介入とはその名の通り、政府が外国為替市場に介入し、強制的に為替相場を動かそうとすることです。今回もし政府が介入する場合には、日本は外貨を売って、円を買うことで、為替相場を安定させようと動きます。

結論から言うと、一時的には円安の勢いを止められると思いますが、数か月から1、2年が限度で、それ以上は外貨が足りなくなると思います。

2022年3月末時点で日本の外貨準備高は1・35兆ドルあります。これが円安を止めるための為替介入を行う元手です。

では1・35兆ドルで円安をいつまで食い止められるのか？　ここが論点になります。

正確に算出するのは難しいですが、一つの目安として2014年〜2016年の中国の為替介入を例に取るとわかりやすいと思います。

この時期はアメリカの景気が上向きで、アメリカが利上げに踏み切るとの思惑からドル高が進んでいました。このような状況下において、中国では2005年に管理変動相場制（変動相場制を軸としつつ、変動幅に上限を設ける中国の為替管理制度）に移行して以来、初となるドル高、人民元安が加速、2014年には1ドル6人民元の水準から、2016年には1ドル7人民元の手前までドル高・人民元安が進みました。この局面においてさらなる人民元安が意識され、中国から海外へと資本流出が起こりました。この状況が現在の日本の状況と似ていると思います。

この時に中国が為替介入に使用した外貨準備が約1兆ドルです。では日本は1・35兆ドルの外貨準備を有するので大丈夫かというと、そうでもないと考えます。

この時、中国は厳しく海外との資本移動を制限していました。中国当局が認可を出さないと外貨への両替ができない、こういった厳格な為替管理制度のもとですら1兆ドルが為替レート水準の防衛のために使われたのです。

日本は資本規制がほとんどない、自由に海外との資金移動を行える国です。したがって1・35兆ドルの外貨準備を保有しているからといって、安泰かというと決してそうではありません。

となると日本が円安を防衛するためには他国の力が必要で、具体的にはアメリカやユーロ圏（通貨ユーロを用いる国で形成される経済圏）の支援を取り付ける必要があります。ではたとえばアメリカやユーロ圏が協調為替介入に合意できるのか？　というと現在のところは難しいと見ておいたほうがよいでしょう。なぜならば両国共にインフレ圧力に悩まされており、ドル売りやユーロ売りの為替介入に踏み切ると、自国通貨の価値が下落し、さらにインフレ圧力が掛かりますので、日本からの申し出を承諾しにくい局面にあります。ですから日本がアメリカやユーロ圏と協調して為替介入を行うことは現在のところ難しいでしょう。

繰り返しの結論になりますが、以上の理由から、日本は数か月から1、2年程度の期間であれば豊富な外貨準備を使用して為替介入を行い一時的に円安を食い止められるかもしれませんが、絶対安定の外貨準備残高ではなく、むしろ中国の例を見るには不安が残る状況で、足元の相場の材料を含めて、円売りは極めて狙われやすい状態にあると考えます。なお現在の水準よりも少し上の135円前後からは政府が為替介入に動いてくる可能性がぐっと高まると思います。過去の円安時に行った為替介入データのすべてを確認しましたが、128円～144円レベルでの介入実績が目立ちました。現在の鈴木財務相の発言や2002年の高値135・10前後（チャートポイント）など定性的な要素を加えると、感覚的には135円より上が、介入の目安になってきやすいと考えます。

135円より上ではもしかしたら為替介入があるかもしれないと考えておくだけでも、相場への準備と言いますか、心構えができて、トレードやヘッジ（潜在的な損失を相殺することを目的とした投資行動）行動には確実にプラスに働いてきます。備えあれば憂いなしということです。

企業は円安とどう向き合うべきか？

ここでは企業の円安対策について述べていきます。

輸入企業や海外事業に資金を投下する伸び盛りの企業にとって、円安は脅威になります。単純に同じ日本円で輸入できるモノが少なくなりますし、たとえばドルに替えて海外子会社に送金する時も出来上がりのドルがぐんと小さくなってしまい、十分な資金を送金できない可能性があるからです。

そういった円安に悩まされる企業に私がまずお伝えしたいことは「損切りライン（最大の損失を確定させるレベル）」を必ず設定しようということです。企業の財務担当者は外国送金や被仕向送金がいつどれくらい入ってくるかはおおむね把握していると思います。あとはそれらに対して、このレートになったら必ず押さえておこうという最大損失を確定させるレートを設定しておくことが重要です。「損切り」はトレード用語です。ですが事業にも損切りは必ず必要なものになりますので覚えておいてください。

銀行によってはその損切りレートでもって約定してくれるサービスを提供してくれるか

もしれませんし、仮になかったとしても既定のレートに達するとアラートを鳴らしてくれるシステムは銀行の為替取引システムやインターネット上にもあります。こういったシステムを活用してまずは最大損失をコントロールするところから始めるとよいでしょう。

実は損失を確定させる行為は心理的にとても難しいです。企業が大きな損失を抱えるケースのほとんどは損切りが遅れたことによるものです。これは行動経済学で「プロスペクト理論」と呼ばれており、さらに損失が膨らむ可能性があっても、一か八かで損がなくなる可能性に賭けて損切りを先送りしてしまうことに起因します。

また企業と言っても、その種類はさまざまで、どれくらいの為替リスクに悩まされているかは個々の企業によって異なります。一般に取り扱う商品が原材料に近づけば近づくほどに利鞘は薄く、外国為替や金利の影響は大きくなりますし、反対に付加価値の大きい商品やサービスを作る会社はある程度自分たちの利鞘で為替や金利のリスクを飲み込むことが可能です。

ただ私がこれまで750社くらいの顧客と為替や金利のリスクに関して打ち合わせをして感じることは、企業の財務や経理が上手くいっている会社の担当者や役員、社長は、金融マーケットや国際情勢に対する知見がとても高いということです。また本気で海外を狙う企業には「トレジャラー」と呼ばれる、資金の入出金管理だけではなく、どのように資金を運用調達し、為替のリスクをヘッジするかを専門に考える人材が配備されています。

海外の場合はトレジャラーの役割まで含めて財務領域と認識されているのですが、日本はまだここが弱く、創業者がいる場合には為替や金利のリスクを創業者が見通し、創業者がリスクを抱えて意思決定を行う企業もあります。トレジャラーもいない、創業者もいない、またはこの分野に明るくない、こういう場合にはやはり為替や金利のリスクに対して後手後手になってしまうことが多いです。

つまり経営者や投資家のような目線を持った財務担当者が求められています。企業としてはここをきちんと評価できる枠組みを作っていくべきでしょう。

また財務担当者の置かれている状況の問題として、為替や金利に関して銀行員しか相談する相手がいないことが挙げられます。銀行員は顧客の味方でもありますが、同時に為替や金利のプロダクト販売においては、顧客の中長期的な利益よりも、目先の銀行の利益に資する行動をとりがちです。これは銀行担当者本人の資質ではなく、銀行のビジネスモデルそのものが、金融商品（含む融資、預金、為替）の取引において、常に顧客と利益相反関係にあることに起因します。

ですから銀行員以上に金融マーケットや国際情勢に知見のある第三者に相談できる環境を構築することが大切です。

個人では証券会社と個人投資家の間に入るＩＦＡ（Independent Financial Advisor）と呼ばれる独立系ファイナンシャルアドバイザーが知られています。これも先ほどと同じ理論で、証券会社と顧客の利益は相反していますので（証券会社の営業員が手数料収入ほしさに顧客に商品を売ったり買ったりさせるバイアスが働くので）、ＩＦＡが顧客側につくことで、顧客は証券会社との取引においてバイアスのかかっていないアドバイスをＩＦＡから得ることができます。

第四章

今後の世界情勢を占う

対立する民主主義陣営と権威主義陣営

今後の世界情勢について触れていきたいと思います。

現在の世界ではアメリカなどファイブアイズを中心とする民主主義陣営と、中国を中心とする権威主義陣営との関係悪化が著しい状況です。

経済の視点ではインフレが高まったことで両陣営にとって国民の不満を一時的に外に向ける必要が出ており、その表面化した一つの事象として今回のウクライナ侵攻が勃発した可能性があります。もちろん政治・民族・地理・宗教・軍事などが複雑に絡み合っているものと承知しておりますが、経済の切り口ではインフレが特に気になるということです。

今後もこの対立が何年にわたって続くかもしれませんが、物価上昇が落ち着いてくると、両陣営は次第に経済成長に目を向け始め、その結果として距離が縮まる可能性が高いと見ています。感情的にそんなことはあり得ないと思うかもしれませんが、世界で勝ち抜くということは競争ですので、競争という視点で世界を捉えた時に、協力へと舵を切ったほうが自国は成長できるからです。

■関係図

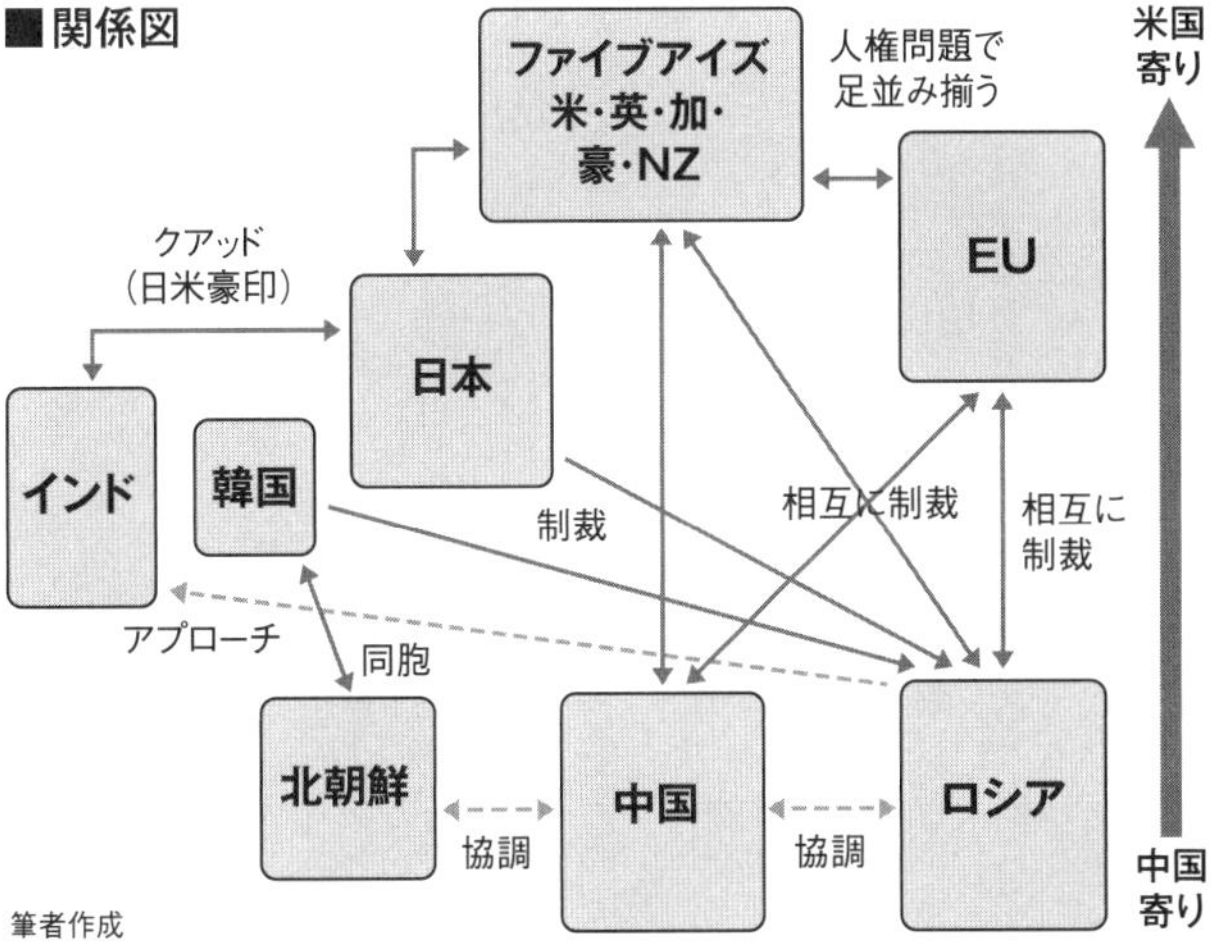

筆者作成

また、両陣営の距離には歴史的に波があることを押さえておくのは非常に重要です。たとえば中国やロシアへの新規投資のタイミングはいまではないと判断するのは賢明な判断と思いますが、一方でどこかで最悪な関係が底打ちし、それ以上関係が悪化しない状態になれば、以降は再び経済的な結びつきが深くなっていく可能性があります。必要以上に恐れて中国やロシアの市場をぱっと手放してしまうのは将来的な損失につながる可能性にも留意すべきでしょう。

キープレイヤーは大国であり、アメリカと中国が筆頭と考えます。その両プレイヤーに加えてEU、ロシア、インドそれに日本とアジアといった視点を交えて説明します。

ロシア関連リスク

ウクライナ侵攻はまさにロシアのリスクが表面化した事例ですが、この戦争をきっかけに民主主義陣営とロシアとの緊張感、ひいては中国などその他の権威主義陣営との緊張感も一層、高まっています。ロシアがウクライナへ侵攻したことが、中国が台湾へと侵攻することを連想させ、両陣営の民意を含めて緊張の度合いが高まっていることを感じさせます。

またロシア自身のインフレが加速していることも危険な兆候です。2022年4月のロシアのインフレ率は前年同月比で＋17・8％に達しており、国民の潜在的な不満は高まっています。中国のインフレ率こそ低位で安定していますが、EUやアメリカのインフレ率も8％前後まで上昇してきていることもより一層、緊張感を高めています。

国民の不満を外へ向けるべく、ロシアがさらに拡張的な軍事行動に出てくる可能性があります。ロシアとそれ以外の旧ソ連諸国の間には絶えず緊張関係が存在しており、同様の動きがさらに近隣地域（モルドバ周辺など）に広がることも懸念されます。

こういったロシアの動きを警戒して長年にわたって軍事的な中立政策を採ってきたフィンランドがＮＡＴＯ加盟申請を表明しました。２０２２年5月に入りニーニスト大統領とマリン首相がそれぞれＮＡＴＯ加盟の意志を表明しています。

さらにスウェーデンも続きました。スウェーデンのリンデ外相は「フィンランドはスウェーデンにとって最も近い安全保障・防衛上のパートナーであり、フィンランドの評価を考慮する必要がある」と表明しアンデション首相は申請から実際の加盟までには「1年以上はかからないだろう」との見解を示しています。

一方で、トルコはこうした北欧諸国のＮＡＴＯ加盟申請の動きをよく思っていません。トルコとの歴史的問題を抱えるクルド人がスウェーデンなど北欧に多くかくまわれており、また両国が反政府武装組織、クルド労働者党（ＰＫＫ）を支援しているからというのが表向きの懸念事項です。

クルド人とはトルコ南東部やシリア北部、イラク北部、イラン北西部に多く居住する国家を持っていない約３０００万人の大きな民族です。自治権の獲得を目指してトルコ政府と衝突を繰り返してきた経緯があり、また２０１９年にはトルコはシリア北部のクルド人地域に越境攻撃を仕掛けた経緯があります。トルコとしてはクルド人の自治獲得とともに、トルコの国土が減少することなどを危惧しているのでしょう。

筆者は2017年頃に北欧を訪れスウェーデンも訪れました。中でもスウェーデンはたしかに移民が多く、クルド人のような風貌の方も多く見られました。まさに移民に寛容な国というイメージです。

ロシアに配慮しているからなのか、それともクルド人を多く抱える北欧のNATO加盟を支持すると国内の政治基盤への影響が大きいからか、トルコのエルドアン大統領は早々に両国のNATO加盟に反対の姿勢を示しています。なおNATOへの加盟承認プロセスには加盟国の全会一致が必要となります。したがってここでもトルコがキープレイヤーになっています。

また今後もロシアの拡張的な軍事行動が続いた場合に、EU側が直接的に戦争に関与し、NATOを巻き込んで第三次世界大戦へと発展する可能性が高まります。第三次世界大戦へと発展する可能性は現時点では低いと思いますが、世の中に絶対はないので、既に表面化している軍事行動から、最大リスクについても焦点を当てておいたほうが無難でしょう。

それから民主主義陣営とロシアとの関係悪化が長引くことで、資源価格が高止まりすると想定されます。原油や天然ガスなど化石燃料の値段は既に高止まりの兆候を見せていますが、中東勢が増産に動かない限りはこの傾向は続くと見るのが無難です。

また自動車などの排ガス触媒として使われるパラジウムなどの希少金属（レアメタル）の調達にも大きな影響が出始めています。パラジウムの生産量はロシアと南アフリカ共和国で約9割を占めており、ロシアとの関係悪化がパラジウム供給の遅れや最終製品価格の引き上げにつながる可能性があり、さらにインフレを高める可能性があります。

まとめると、インフレによってロシア国民の不満が高まり、ロシア国民の目を外に向ける必要があり、そのためにロシアの拡張的な軍事行動が加速し、周辺国との緊張感が高まり、経済制裁が加速し、またそれによって資源価格が高騰し、さらにインフレが加速する悪循環に陥る可能性があります。

チャイナリスクその1　中国のゼロコロナ政策

次にチャイナ（中国）リスクについて見ていきます。

真っ先に挙げられるのは今も表面化している「中国のゼロコロナ政策」です。初期のコロナウイルスに対して厳格なロックダウンと管理体制で抑え込みに成功したことなどから、現在の感染力が強いコロナウイルスに対しても同様の政策を敷いており、ゆえにロックダウンの範囲が拡大し、またその期間も長期化しています。

先日、中国外交部（日本の外務省に相当）と交流のある人に聞いたところによると、おそらく政府が恐れているのは、規制を緩めた途端に人流を抑制できず感染が急拡大して、それが現政権に対する支持率の悪化につながることではないかとの見解でした。たしかにそれは理にかなう考え方だと思います。

一方で、今問題になってきているのは逆にロックダウンを強化しすぎることで、国民の不満が高まっていることでもあります。

中国では言論統制のために、インターネットの閲覧や投稿に制限が設けられています。しかしその制限を超える量の不満を載せた画像や動画があふれかえっており、かなりセンシティブな状況になっていることもうかがえます。

グローバルには新型コロナウイルスの感染者数は明らかに減少傾向ですし、予防接種や飲み薬の普及により致死率も低下しています。そして世界的に感染者数が減少傾向にあるといった情報は、インターネットの閲覧制限を設けられている中国の国民でさえ手に入れることが可能な情報です。諸外国がｗｉｔｈコロナ態勢へと移行し外国との交流が活発になるのを横目に、中国の国民は厳しいロックダウンを受け入れている状況で、これがさらなる不満につながる可能性が高いです。

権威主義も民主主義も程度の差こそあれ、国民の声を上手く政策に反映していかないと成り立たない仕組みになっています。国民の声にこたえる形で徐々に制限を緩和していくのであれば政府に対して国民の声が届いているとして国民の不満も多少は和らぐのかもしれません。と考えるとなんとか人民に納得してもらう形で徐々に緩和していくほかにないと思うのですが、仮に省（中国の最高行政区画の呼称で、日本の都道府県に相当）をまたいで他の地域へと感染が拡大した場合には、他の省に住む市民からクレームが起こり、さらに不満が爆発する可能性もあるため中国政府は難しい舵取りを迫られています。

現時点で終わりが見えず、これが経済を下押しする大きな火種であることを必ず頭の片隅に入れておきたいところです。中国は世界経済の牽引《けんいん》役ですので、中国の経済活動が弱まってくると自然と世界経済にも勢いがなくなっていきます。

またロックダウン政策はサプライチェーンの目詰まりをもたらし、さらに産業製品価格の上昇圧力につながり、より強いインフレ圧力へとつながっています。どこかで方針を転換するほかないと考えますが、現時点で政府のゼロコロナ政策を堅持する方針は変わっていません。

仮にこのゼロコロナ政策が習近平氏の強いこだわりによるものであれば、全く方針が変わらない可能性もあります。権力が集中しすぎたからこそ起こっている問題のようにも見えるので、ことさらに注意が必要です。

チャイナリスクその2　習近平政権の長期化

中国に関する第二のリスクは「習近平政権の長期化」です。２０２２年秋の党大会でナンバー2の李克強首相が退任し、習近平氏は続投すると見られており、習氏へのさらなる権力集中が起こると目されています。

中国の政策は一言で言えば「エリートが決める即断即決の政策」です。創業社長が率いるベンチャー企業の意思決定体制によく似ています。中国の場合、創業社長とは、すなわち一党独裁の「共産党」首脳陣です。

実際の運用面では習近平氏を最高指導者としつつ、中央政治局をはじめとする共産党のエリート層が中心となって意思決定を行っています。少人数で対応策を考えるので意思決定が速く、またエリートが考える解決策そのものは理にかなっていることが多いように感じています。

私は中国で4年間働いたのですが、この意思決定体制についてポジティブな側面として印象に残っているのが、福建省の廈門《アモイ》で行われたＢＲＩＣＳ会議のための街の改修工事でです。

会議を控えて街全体が改装工事の対象となり、たったの1年間で、古かったタクシーが電気自動車へ取り替えられ、ボロボロだった家の外壁が綺麗な白色で統一され、凸凹だった道路が全面舗装されたことは今でも強烈に記憶に残っています。

これを経済用語で言い換えれば、「強力な財政政策」です。ようは政府のお財布から用途を決めて、大規模な支出を行ったわけです。中国には、日本やアメリカのように反対勢力（野党）がいないので、必要な時に必要に応じてスムーズに財政政策を行うことができます。このように、大規模な財政政策であってもスムーズに意思決定を行えるのは、中国の意思決定体制の大きな強みの一つと言えます。

一方で、4年間で最もネガティブな衝撃を受けたのは、香港の「国家安全維持法の施行」とその後の「民主派に対する抑圧」です。1997年の香港返還から50年間保証されていたはずの一国二制度の現状変更を試み、民主派を抑圧するその動きには、単なる国家存続、繁栄のためだけではなく、習近平氏の香港に対する政治信念が見え隠れしました。

この判断が中国にとって良かったことか、悪かったことかは、将来になって現在を振り返ってみなければ、正確なことはわかりません。しかし、民主主義の先進国を完全に敵に回し、多くの敵を作ってしまった現状を考えれば、失策だった可能性が高いように思います。私はこの一件で、中国の「トップの暴走」はいつ何時でも起こり得る可能性のある世界最大のリスクであることを認識しました。

他方で李克強氏は国際感覚に優れ、金融・経済を中心にここ10年の中国の繁栄を支えてきました。その李克強氏が退任し、習近平氏が好む人物が首相に据えられることで、より一層、権力が暴走する可能性が高まります。

またこれが中国だけの問題であればよいのですが、ロシアがウクライナに侵攻したようにたとえば中国が台湾に対して軍事行動を起こすことや、中国経済が崩れることで世界経済が崩れるなど、中国が世界に与える影響はロシアとは比べ物にならないほど大きいです。したがって中国の権力集中は大きな政治リスクであると認識しておくことが肝要です。

アメリカリスクその1　金融引締めの長期化

次にアメリカですが、真っ先に挙げられるのはインフレ圧力の高まりと、それに対応するための金融引締め（利上げとバランスシートの縮小）、そしてそれらが与える金融マーケットと実体経済への悪影響です。2022年3月のアメリカのインフレ率は前年同月比で+8・5%にまで上昇しており、中央銀行も政府も警戒を強めています。

アメリカのドルは基軸通貨であり、「世界のさまざまな通貨の価値の物差し」になっています。したがってアメリカの引締め的な金融政策により、米ドルの価値が上昇すると、他の国の金融政策にも影響を与えます。なぜならば他国は自国の通貨を米ドルの価値に合わせようと躍起になって動くからです。

貿易で見てみると、多くの企業や個人がドルを使用するため、ドルと自国通貨の交換レートの変動は損益に直結します。ゆえに多くの、特に新興国ではアメリカの金融政策と自国の金融政策の方向を合わせることで、為替レートをなるべく均衡するように努めています。

たとえば香港でドルペッグ制と呼ばれる通貨制度を採用し、アメリカが利上げをした場合には香港も利上げを、アメリカが利下げをした場合には香港も利下げをすることで、その為替レートを一定のレンジに保っています。逆説的にはアメリカが利上げをした場合には、仮に香港は景気が悪かったとしても、それでも利上げを余儀なくされるので、香港の景気はさらに悪くなってしまいます。このようにアメリカの金融政策が世界に与える影響は非常に大きいものがあります。

なお2022年5月に入り、香港の中央銀行にあたる香港金融管理局は米ドル売り、香港ドル買いの為替介入を実施しました。アメリカが金融引締めに動く中で、米ドルの価値が上昇し、相対的に香港ドルの価値が低下するのを防ぐためです。香港は豊富に外貨を持っていますのでしばらくは問題なく支えられると思いますが、アメリカの利上げがいかに諸外国に大きな影響を与えているかがわかる事例と思います。

こういった現象は南米などのアメリカに近い新興国地域でも顕著で、アメリカが利上げをすることで、他国も追随して利上げを余儀なくされ、日頃からやや脆弱《ぜいじゃく》な経済が、結果として急速に悪化していくことになります。そのためアメリカが利上げなど金融を引締める局面では必ずと言ってよいほど、南米通貨は売られてしまいます。

　また株価にも大きな下押し圧力が掛かります。２０２２年5月に入ってS&P５００やNASDAQ１００など代表的なアメリカの株価指数が年初来安値を更新していますが、アメリカが金融引締めを中長期化する場合には、こういった状況は長く続く可能性が高いです。またアメリカの株式市場が崩れると世界の株式市場にも波及していきますので、グローバルに株価が低下し、実態経済を下押しする圧力が掛かることになります。

　繰り返しになりますが、ここで重要なポイントはいつまでインフレ圧力が続くのか？ということです。インフレ圧力が強いからこそFEDは物価防衛を図るために金融引締めに躍起になっています。そしてインフレを決定付ける要因として、新型コロナウイルスの影響、ウクライナ侵攻・ロシアの経済制裁・中国のロックダウンなど、諸要因が複雑に絡み合ってきます。

　このように一つずつ要因を紐解き、つなげて考えていくと私は現時点において、すぐにインフレ圧力が和らぐことを想定できません。したがってアメリカの金融引締めは市場参加者が思い描いているよりも長期化する可能性が高いと考えています。

アメリカリスクその2　ねじれ議会

アメリカでは2022年11月8日に中間選挙が行われます。現在は与党である民主党政権が上・下院共に過半数を押さえていますが、その差はほぼなく、中間選挙を経てこのバランスが崩れることが想定されます。

中間選挙は上院議員のうちの3分の1、下院議員の全員が改選となるため、もし上下院のいずれかを共和党に押さえられると民主党が進めたい法案はかなり通りにくくなります。アメリカで法案を通すには上下両院の承認が必要だからです。

またアメリカ国内では貧富の差が拡大し、考え方の分断が進んでいます。アメリカはトランプ前大統領のもとメキシコとの国境に壁を設置し、中国との貿易に関税を掛け、世界のリーダーの立場を一旦は捨てかけました。世界のことよりも、まずは自分たちのことに注力すべき、こういった保護主義と呼ばれる内向きな考え方がアメリカでも広まっています。

きっかけは2016年6月のイギリスのEUからの離脱、通称ブレグジット（Britain

Exit を掛け合わせた造語）と考えています。創設以降、ＥＵは「人・モノ・金」の流れを域内で自由にしてきました。これは国家間でこれらが自由に移動可能であれば、相互に関係が深まり、きっと第二次世界大戦のような大きな人災を防ぐことができると考えたからです。

しかし結果として副作用も発生し、安い労働力がイギリスなど高賃金地域に流れ、結果としてイギリス国民が職を失い、移民反対の機運が高まりました。そこでイギリス国民が下した決断が、ブレグジットでした。

この流れがアメリカにも伝わり、台頭してきたのがトランプ前大統領です。氏は先に述べたようにメキシコの壁に代表されるように、保護主義政策を掲げることで国民からの支持を得ました。またいまでも多くの支持者を集めて、共和党内でも非常に大きな影響力を有しています。

現在はバイデン大統領の下にあって、人権や気候変動問題に取り組むことでアメリカはグローバルにリーダーシップを発揮しています。ですが選挙で再びトランプ前大統領を支持する共和党が前に立てば、候補者によっては保護主義を掲げる可能性があり、その政策によりアメリカが国内対応に注力すると、世界はさらにアメリカから目を背け、各々の道を歩み始める可能性があります。

2024年のトランプ前大統領の再出馬の可能性まで含めて、その過程にある中間選挙は大変注目が集まります。ねじれ議会や、仮にトランプ前大統領が再選された場合には今後のグローバル社会における大きなリスクとなるでしょう。

米中対立リスク

ここまでロシア、中国、アメリカとそれぞれ個別のリスクを見てきましたが、今後の最も大きなリスクはその両国の対立、すなわち米中対立と考えています。なぜなら世界1位と2位の思想の異なる経済大国が既に事を構えているからです。

そこで現在の米中対立について振り返り、そのうえで注目点について見ていきます。

まず初めに現在のバイデン政権と習近平政権の関係についてです。次のチャートは中国を起点に考えた米中対立の構図を示します。

左が外部、右を内部に分けました。また上が優先順位高く、下が優先順位低いと、切り分けています。

■中国の現状把握チャート

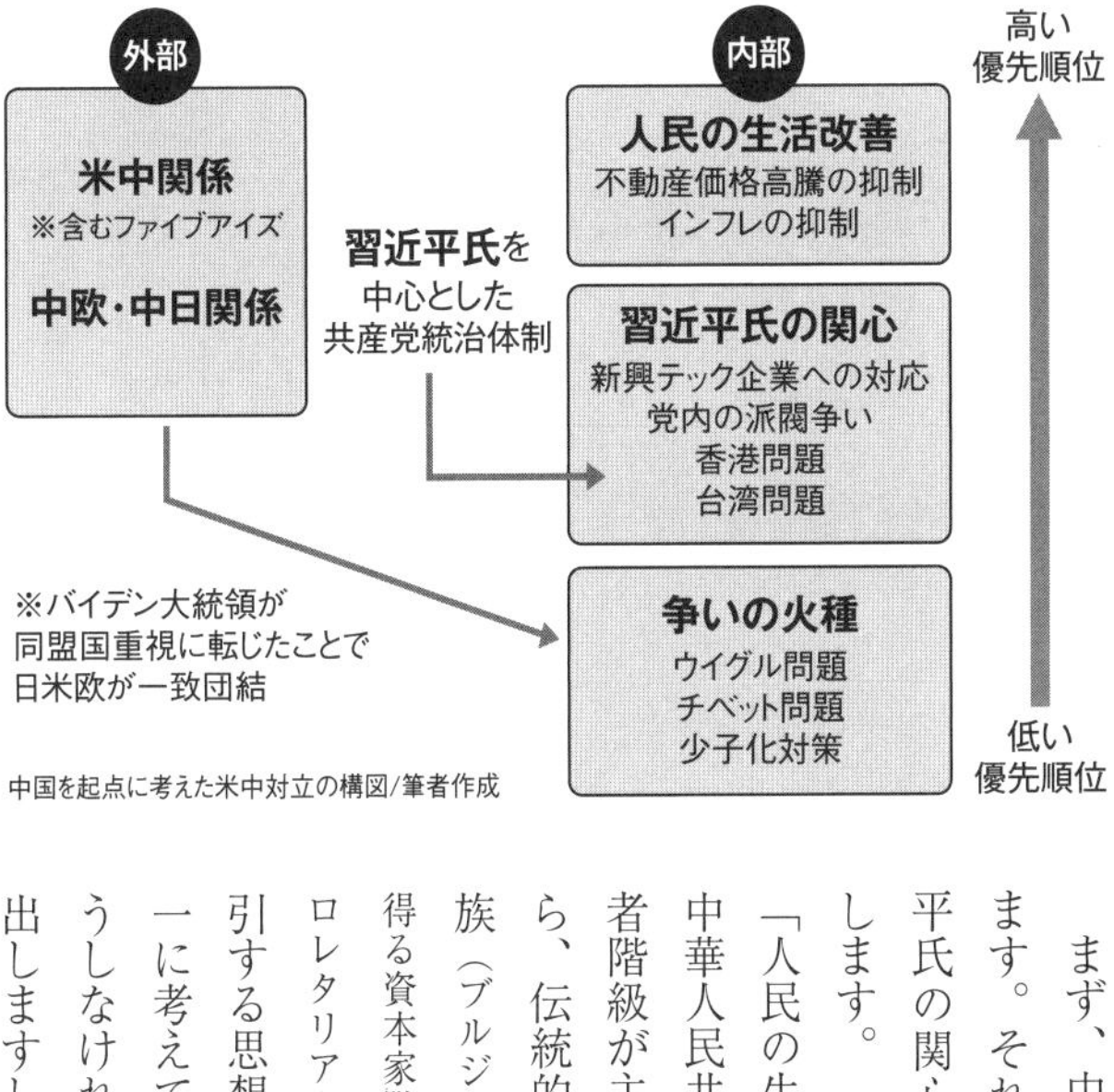

中国を起点に考えた米中対立の構図/筆者作成

まず、中国は多くの内政問題を抱えています。それらを「人民の生活改善」「習近平氏の関心」「争いの火種」の三つに分類します。

「人民の生活改善」を一番上に置いたのは、中華人民共和国憲法の上段に、中国は労働者階級が主導すると記載されていることから、伝統的な社会主義的思想、すなわち貴族（ブルジョワジー、賃金労働者を雇って利潤を得る資本家階級）ではなく、労働者階級（プロレタリアート、賃金労働者階級）が国をけん引する思想に基づいているので、国民を第一に考えていると仮定しています。逆にそうしなければ、14億人の国民から不満が噴出しますし、統治主体である中国共産党の正統性やその存在意義すら疑われることになるからです。これについては文中で再度言及していきます。

次に「習近平氏の関心」を置きました。習近平氏と香港の関係についても後ほど言及しますが、父である習仲勲氏から引き継いだ深センへの想いや、香港に逃亡した本土居民への憤り、誰も果たせていない台湾統一、そしてそれらを達成するために必要な政権基盤の強化は、まさに習氏の政治生命を掛けて進めていることだと思います。私が中国にいた頃、「中国の夢」という看板がそこらかしこに掲げられていましたが、これは国民の想いに、習近平氏の政治信念を乗せたコンセプトという理解です。

最後にウイグル問題やチベット問題など少数民族問題、それから毛色は違いますが少子化問題を置きました。これらは中長期的に対応すべき問題ではありますが、今すぐの案件ではないので、順位を下に落としています。

そして左側が外部環境です。中国の夢の達成に向けて突き進む中国と覇権を争うのはアメリカ、そしてアメリカと最も関係の深いファイブアイズの国々です。中国は、アメリカとの闘いを勝ち抜くために、なんとしても日本と欧州を味方に引き入れなければならない、そう考えているはずです。

トランプ前大統領時代、中国は非常に上手く立ち回っていたと思います。MAGA（Make America Great Again：偉大なアメリカを再び）を掲げてひたすらに保護主義に走るアメリカを非難し、欧州との連携を深めることに成功していたと思います。

しかしバイデン大統領が就任し、公約で掲げた通りに他国との連携を重んじる政権が提示したコンセプトは「中国の人権侵害を許すな」でした。このコンセプトが功を奏し、EUと日本は、一段とアメリカに歩調を合わせました。また「ウイグル＝ジェノサイド」の概念を用いることで、ホロコーストやナチスを連想させ、第二次世界大戦の被害が思い出されるわけであり、多くの人々がバイデン大統領のコンセプトに共感することになりました。

最近、パナソニックを一代で築き上げた起業家の故松下幸之助氏の演説動画を視聴したのですが、「会社は経営者、国は支配者いかんによって潰れる」と述べていました。松下氏は特に国を率いるものは、どんなに賢い人間であっても、私心があってはいけないと説いています。松下氏自身も、実はたびたび私心が内から出てきたそうですが、それを消すために日々戦っていたそうです。

習近平氏の政治信念、中国の夢が国を滅ぼすことになるのかもしれないと思う一方で、中国の経済成長の勢いは半端ではないことも肌感覚として感じています。ただ、アメリカに欧州と日本がつく以上、中国は苦しい状況が続くでしょう。

中国はまずは2022年秋の共産党大会で権力集中を行い、さらにアメリカの中間選挙を見守り政局の変化を見守る構えと思います。虎視眈々《たんたん》とアメリカがミスするのを待っている状況と考えます。

愛国者治港に見る習近平氏の政治信念

さて2020年6月末に、香港国家安全維持法が施行されて以降、徐々に香港の本土化が進んでいることは広く知られています。そして次々と打ち出される本土化政策に対して、民主派議員が反対し、本土派議員のみが残る形となり、香港の民主主義は急速に失われていきました。

香港の選挙制度は変更され、中国を愛する人が香港を治めるべきだとする考え方、すなわち「愛国者治港」という言葉をことさらに強調した条文になりました。変更報告の原文を見ると、指導者「鄧小平（故人）」氏の言葉を引き合いに出して愛国者治港の重要性を説明していますが、実際には習近平氏の強い政治信念ではないか？　と考えています。これを説明するには習近平氏の父親である習仲勲氏について触れなければなりません。

習仲勲氏は一度、国務院の副総理まで務めた要人です。しかし文化大革命の初期とも言える1962年に反党の思想を含んだ小説の名誉回復を企んだとして、国内で逮捕されています。その後、現在の中華人民共和国の建国の父でもある毛沢東氏の死後2年が経過した1978年にようやく解放され広東省の要職に復職しました。

その頃、広東省と香港には大きな経済格差があり、そのため広東省などから香港への密航者が後を絶たなかったそうです。たとえば、最後まで反中央の姿勢を貫き逮捕された香港の日刊紙Apple Dailyを創業者したジミー・ライ氏もいわゆる香港への密航者でした。

このような状況に衝撃を受け、習仲勲氏は広東省の改革開放を進め、党中央工作会議で深センの経済特区構想を提起しました。そこからおおよそ40年が経過した今、世界の最先端を走る都市の一つとして成長した深センは、香港の代替となり得る国際都市としても注目を集めています。

習近平国家主席はおそらく香港に対してあまり良い印象を持っていません。一方で逮捕されてなお祖国愛を貫き、深センを大都市へと変貌させた父、習仲勲氏を誇りに思っていると考えます。

中国本土と香港の間の国民感情の隔たりは我々が思っている以上に大きいです。習近平国家主席は国民の夢、また自身の成し遂げたい夢として香港と本土の精神的な統一、すなわち「本土化」を掲げているのではないでしょうか。

バイデン政権の対中戦略

私が、一国の政策を考えるうえで最も重要視しているのは、政府の公式見解です。なぜならば、政策は政府が決めるものであり、それはメディアの思い込みや、自由に意見を表明できるウェブサイトの記事情報とは一線を画すと考えているからです。

ではバイデン政権における対中戦略の公式見解とはなんでしょうか？　一つはアメリカの対中国家安全保障戦略、そしてもう一つはバイデン米大統領の選挙公約であると考えます。

まずアメリカの既存の対中国、国家安全保障戦略を振り返りつつ、次にバイデン米大統領の選挙公約から対中国戦略を考察していきます。

２０２０年５月にホワイトハウスは最新の対中国戦略、「United States Strategic Approach to the People's Republic of China」を公表しました。これは２０１９年に予算決定された国家安全保障戦略の中で、特に優先度の高い中国に対する方針を明確にしたものです。

内容はホワイトハウスとUS Executive Branch（つまり大統領府と関連行政府）によって編集され、議会に提出、報告がなされました。そこには以下のようなことが記載されています。

アメリカと中国が１９７９年に外交関係を樹立して以来、アメリカの中国に対する政策は、中国との関与を深めることで、中国の根本的な経済および政治的開放を促進し、より開かれた社会を持ち、建設的で責任あるグローバルな利害関係者になり得るという希望を大いに前提としていた。

しかし、そこから40年以上が経過し、このアプローチは、中国の経済および政治的改革の範囲を制限するという中国共産党の意志を過小評価していることが明らかになった。

中国共産党の挑戦に対応するために、アメリカは、中国共産党の意図と行動の明確な評価、アメリカの戦略的長所と短所の再評価、および二国間が許容可能な摩擦（対立）に基づいて、中国への競争的アプローチを採用する。

①中国との交流や、中国の国際機関への関与を通じて、中国の考え方が変わるという思い込みを捨てる
②現実主義へ回帰し、中国と軍事戦略的に、また固有の価値観を争っていると認識したうえで、中国の直接的な挑戦に対応する
③中国の統治体制や現状を特別視せず、他の国と同様に扱う
④アメリカは中国の現在の統治体制を変更させようと試みているわけではなく、また共産党の例外主義、被害者意識に譲歩することもない
⑤アメリカは中国の法治（rule of law）の誤った解釈（法による支配rule by law）を拒否する
⑥アメリカは中国の自由や開放、国際的な規則を捻じ曲げる試みを拒否する
⑦アメリカは中国との見せかけだけの良好な関係に価値を見出せておらず、代わりに具体的で建設的な結果を求めている

以上が既に決定しているアメリカの中国に対する国家安全保障戦略のアプローチです。

バイデン政権も、基本的な戦略は上記に則って行っていきます。

つまり米中の緊張関係が和らぐという見込みは基本的には「皆無」であると認識したうえで、バイデン政権による枝葉の部分でどのような変化があるのかを見ていくのが正しいアプローチとなります。

次にバイデン候補（当時）の選挙公約を見ていきます。

バイデン陣営の選挙対策ホームページのサイト内を「ｃｈｉｎａ」というキーワードで検索したところ、30か所以上、計５０００字ほど中国に関する記載がありました。記載の内容を並べ替えてまとめてみると、大きな一つの方針、９つの対策、６つの懸念（検討）事項により構成されていることがわかります。

大きな方針は、「中国と競争していくうえで、価値観を共にする民主主義国家および、同盟国と団結する」ということです。端的に言ってしまえば、アメリカが中国を一人で相手にするのは既に困難であり、積極的に他国の協力を求めていきます。

次に具体的な９つの対策について見ていきます。

① テクノロジー分野の中国への技術流出制限

②メディカル分野の中国への技術流出制限
③クリーンエネルギーに関する中国への圧力強化
④その他、アメリカの知的財産権保護の強化
⑤中国からサプライチェーンの引き揚げ
⑥同盟国とのサプライチェーン連携強化
⑦中国からの医療機器製品の輸入の制限
⑧Ｍａｄｅ ｉｎ Ａｍｅｒｉｃａの利用制限
⑨中国への貿易に関する圧力強化

3番目のクリーンエネルギーの中国への圧力強化は、パリ協定（気候変動抑制に関する多国間の国際的な協定）への復帰を果たしたバイデン政権ならではのアプローチになります。また9番の対中貿易ですが、本文では、関税の掛け合いは、結果としてアメリカに利益をもたらさなかったと論を展開しています。

さらにここにきてアメリカは急激なインフレ圧力に見舞われていることから、対中関税の見直しに動くとの報も出てきました。これは世界経済にとって非常にポジティブな動き

であり、金融市場が好転する材料になり得るでしょう。この点はトランプ政権では考えにくかった動きです。

なお、その他の項目については、トランプ政権で既に実施された、またはもともと実施予定の議題であると認識しています。

最後に6つの懸念（検討）事項について見ていきます。

①中国の研究開発費の増大に懸念
②中国の貿易戦略に関する強い懸念
③為替操作への懸念
④ダンピング競争への懸念
⑤国営企業の市場介入への懸念
⑥不公正な補助金・慣行への懸念

1番の懸念事項は、それが正当な活動であれば中国に何か条件を飲ませることは難しいのかもしれません。3番はトランプ政権下では交渉のカードとして使用されていました。

また5&6番は現政権も認識はしているものの、交渉のテーブルに乗せていない分野と思います。

これらの調査を通じて感じることは、バイデン政権が掲げる対中政策は、環境問題に対するアプローチや関税の掛け合いなどで異なる点もあるものの、大枠はトランプ政権と同様であり、しかもその成功の可否はアメリカ自身ではなく、むしろ協力を求める欧州や日本など重要な第三国の対応に委ねられる点です。

世界を団結させるだけの力がバイデン政権下のアメリカにあるかどうか、ここが一つの大きな注目点でした。リアリストのトランプ前大統領のほうが良かったのではとの声もあったほどです。

しかし蓋を開けてみれば「人権問題」を表題に掲げ、同盟国重視に戻ったことで、民主主義陣営は一つにまとまりました。外交においては大きな成果を上げたと言ってよいと思います。

米中金融覇権争いの激化

２０１８年の年初から米中貿易摩擦が始まり、２０１８年末にアメリカがファーウェイに代表される通信・ＩＴ分野への制裁を開始、そして２０１９年にようやく合意した貿易協定により一時広がりかけた融和ムードが、２０２０年のコロナウイルスで引き裂かれ、対立の舞台を中国本土から香港へと移しながら、金融覇権争いへと広がっていった一連の流れは記憶に新しいところです。このあたりは著書『米中金融戦争』で詳しく説明していますので、興味のある方は手に取って頂ければと思います。

バイデン政権における９つの対中政策は、貿易を除いて、むしろより一層、中国に対して厳しい政策になっているように思います。そして、それを裏付けるように、米中対立が激しくなっていることを印象付ける出来事もありました。それが外国企業説明責任法(Holding Foreign Companies Accountable Act)です。

米下院議会は米国株式市場に上場する外国企業について、必ず民間の、政府からの人的・資本的な影響を受けていない会計事務所の監査を受けるよう、義務付けることを決定したのです。今後、海外企業は毎年必ず監査を受けなければならないのですが、特に以下の点について、注意深くモニタリングされることになります。

・発行済み株式の何%が国または国に準ずる機関により保有されているか？
・国家の資金調達を目的として上場を行っているか？
・中国共産党から多くの情報を受け取っていないか？
・社則に中国共産党との関わりが記載されていないか？

要するに、アメリカに上場している中国企業と中国共産党との結びつきがいかほどかをチェックしています。中国ですから、民と官が完全に分離していることはあり得ないのですが、それでもその関係性の「濃度」は絶えずチェックしておきたいというのが、アメリカ側の考えなのでしょう。

なお中国を含め海外の企業で米国株式市場に上場したい企業は多いです。なぜならば世界で最も大きな米国株式市場に上場したほうが知名度も高まりますし、より大きな資金を調達できる可能性が高いからです。

また中国のように外国との資本取引を制限している国の企業にとっては、国内市場では海外投資家からの資金調達が見込みづらく、そのためアメリカに上場する意味はさらに大きくなります。

外国企業説明責任法のポイント

外国企業説明責任法の大元は、サーベンス・オクスリー法（Sarbanes-Oxley Act of 2002 Public Company Accounting Reform and Investor Protection Act of 2002）であり、これは２００２年にアメリカのエンロン（Enron Corporation：エネルギー企業）やワールドコム（WorldCom：通信事業者）が、不正会計・粉飾決算を行った挙句、大型の破産を引き起こした事件に対応して立法化された法律です。

そこから２０１９年までは、既存の条文に沿って運用されていたのですが、米中対立を踏まえ、中国を念頭において監査を厳しくした、それが２０１９年３月に起案された外国企業説明責任法です。

２０２０年の４月には中国企業の瑞幸珈琲（luckin coffee、コーヒーチェーンで米ＮＡＳＤＡＱに上場していたが２０２０年に上場廃止処分が下された）の粉飾決算が明るみに出たこともあって、この草案の優先順位が一気に高まり同年５月に上院（共和党過半）で可決、しかし、民主党が過半数を占める下院においては決議が進まず保留となっていました。それが、２０２０

年末に政権交代後の米中対立を見据えてGoサインが出ました。

この法律のポイントは、特定の会社が、資本構成上または、実質的に海外（中国）政府によって管理されていないかを検証するためのツールであるという点です。もし、その特定の会社が海外（中国）の監査を受けており、そのためにPCAOB（Public Company Accounting Oversight Board ＝ 会計監視委員会）が、その会社から詳細な情報を取得することができない場合、当該会社は海外（中国）政府によって実質的に管理されていないことを証明しなければなりません。

さらにその企業がSEC（Securities & Exchange Commission、米証券取引委員会）に対する証明を3年連続で拒んだ場合、当該企業の株式の売買が禁止となるか、または別の手法により強制的に取引が停止されます。つまり本法案は、中国企業を上場廃止に追い込む可能性がある内容であり、米議会の対中強硬姿勢が改めて浮き彫りになった一件でもありました。

ではどのような中国企業が対象になるのでしょうか？　現在、NY証券取引所に中国e-commerceの雄アリババ、NASDAQに中国版Googleのバイドゥなど2022年3月末時点で、計261の中国企業がアメリカ株式市場に上場しています。米中経済・安全保障問題委員会（U.S.-China Economic and Security Review Commission）によれば、261

社の合計時価総額は1・4兆ドル（アメリカ株式市場49・6兆ドルの2・8％）です。

アメリカにとって中国企業の時価総額1・4兆ドルは小さくもないですが、それがすべてなくなったからといって米国株式市場の存在感が低下するかというと、決してそこまでの大きなインパクトはありません。ですから中国企業の米国株式市場における存在感は小さくはないという表現が適切です。

なお2021年の5月時点では中国企業計248社で合計時価総額は2・1兆ドルでしたので、社数は増えていますが、時価総額は下がっています。これはそもそも株式市況の悪化と、米中対立の影響、中国内部でのテック企業等への締め付けなどが意識されて、株価が低下したことに起因しているのでしょう。

今後は、通信・軍事・AI・共産党の資金ニーズを満たす金融法人、このあたりの審査が特に厳しくなると考えます。目を通してみると、100社前後は、金融やテクノロジーのカテゴリーに分類される企業です。本法案の対象となる企業は相応に多いです。

なお261社のうちに、既に国有企業として認識されている社数は8社ですが、国有企業そのものが問題というわけではないようです。アメリカに対して隠し事をしないこと、国家安全保障を脅かす恐れがない（通信・軍事・AI・共産党の資金ニーズを満たす金融法人ではない）ことの2点が重要です。

香港上場へと傾く中国企業

中国企業は世界最大の米国株式市場の上場維持が困難になると、海外とアクセスが可能で、中国からの資金流入も見込める香港株式市場へと向かうことになります。しかし、今までのように海外からの投資が見込めるかどうか、実態はかなり難しいと言えるでしょう。

香港の株式市場（ハンセン指数）は２０２０年6月に香港国家安全維持法が制定されて以降、他の株式市場対比で、大幅に低迷していることがわかります。このままでは、投資家は、下げ調子の香港株式市場への投資を手控える可能性が高そうです。アメリカやイギリスが香港を言論や金融制裁などで追い詰めてきたその効果が、香港株式市場の低迷として反映されています。

さらに中国要因のネガティブ材料もあります。それは中国のアリババグループの金融関連会社「アント・グループ」の上海・香港へのダブル上場の延期です。あれを傍目で見た投資家は、より一層、中国本土および、香港市場の「政治リスク」を認識したはずです。

■世界の株価推移（2020年～現在）

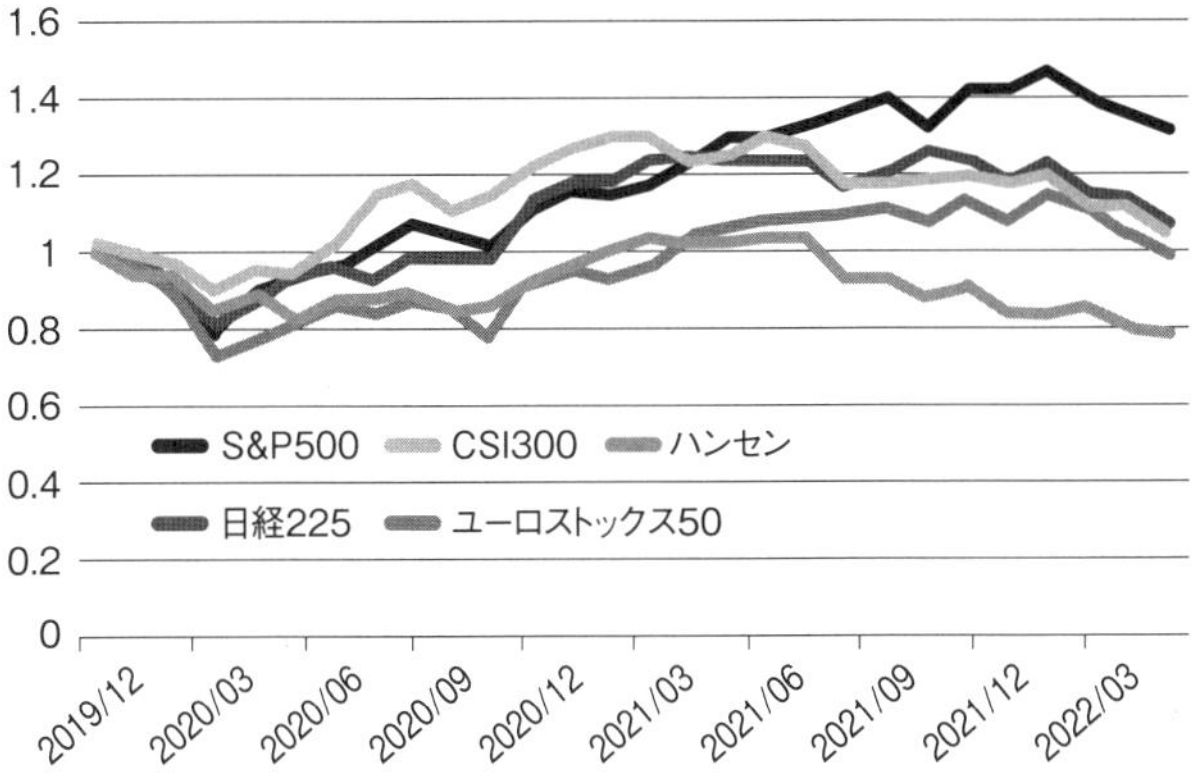

Investing.comよりデータ取得し筆者作成

そのためアメリカに上場している中国企業が香港市場に鞍替えした場合に、今までと同水準の資金調達能力を維持することはできず、少なくとも短期的に企業活動が停滞することはほぼ確実と思われます。

つまり本法案を通じて、アメリカは中国共産党と深い関わりがあり、かつアメリカの国家安全保障を脅かす可能性のある中国企業の成長を阻害させることにおそらく成功し、そして、これが中国経済の下振れ要因になると考えておくべきでしょう。

製造業の競争優位性は中国にありますが、金融対立においては通貨覇権を握るアメリカにまだまだ分があります。金融対立においてアメリカが大きく優位性を保ち、中国の力をどこまで削ぐことができるのか、この視点は米中対立を占ううえで特に重要だと考えます。そしてこれらの結果が米ドルや人民元の為替レートはもとより、世界の政治・経済へ大きく影響を与えていくことになるでしょう。

イギリスも中国に対して厳しく対応しています。イギリスはその国力と比べてアメリカやEUに対して影響力が大きいので簡単に見ていきましょう。

中国とイギリスを取り巻く環境ですが、2020年6月の香港国家安全維持法の施行以降、関係はますます悪化しています。旧宗主国のイギリスと返還国の中国との間で締結された一国二制度を、中国側が早期に破ったことで、イギリスのメンツが潰された格好となり、そこから両国の対立は激化しています。

そこから半年後の2021年2月、中国国家广播电视总局と呼ばれる中国の放送規則当局がBBC（British Broadcasting Corporation）の国内放送を禁止しました。放送内容は真実ではなく、中国の国家利益や民族団結を損なうとしています。

BBCはイギリスの公共放送局ですが、世界中につながれており、おそらく世界で最も影響力のある、時事ネタ、社会問題について取り扱うメディアと言えます。BBCの取材力は日本のメディアとは比較になりません。命がけで、世界中のさまざまな紛争地帯にまで足を運び、特ダネを取ってきます。

そのＢＢＣが新疆ウイグル自治区に行って取材を行い、３２０万を超える再生回数に上った動画（Inside China's 'thought transformation' camps - BBC News）があります。インタビューと半ば喧嘩寸前ですが、よくぞここまで踏み込んだ取材を行ったと思います。

実は私も新疆ウイグル自治区は第二の都市カシュガルに足を運んだことがあります。あくまでフェアに論じたいので、実際に私が体験したことだけを述べると、飛行機を降りた直後に職業確認を受け、街中を歩いているとすぐに武装警察部隊を確認でき、付き添いのウイグル族の旅行会社の方がパスポートを取り上げられているという証言を直に聞きました。これらの体験とＢＢＣなどの取材をもとに考えると、この件が中国にとってアキレス腱の可能性は極めて高いと思っています。

そして２０２１年２月、イギリスは畳みかけるようにＴＰＰ（Trans-Pacific Partnership Agreement、環太平洋パートナーシップ協定）加盟への申請を行いました。イギリスは太平洋とは地理的に離れているのにです。これはイギリスが太平洋に楔《くさび》を打ったと考えています。イギリスが先にＴＰＰに入ることで、関係の悪い中国はＴＰＰに簡単に入ってくることができなくなります。

日本経済新聞によればイギリスのＴＰＰ加盟は関税などの交渉を経て早ければ２０２３年にも発効が見込まれています。

中国は今でも世界中で強い影響力を発揮するイギリスを甘く見すぎたように思います。

中国は日本や諸外国との経済連携の動きを加速

いま中国は地域的な経済連携を深める動きを加速させています。

２０２１年９月に中国の習近平国家主席が、ＴＰＰへの参加を「積極的に考える」と明言し、世界を驚かせました。国有企業に対する厳しい規制を敷くＴＰＰに加盟したいということは、国有企業改革に多少なりとも改善の意欲があるのか、それとも既存のルールを変更させようと試みるのか議論を呼びました。

さらにその後２０２２年１月にはＲＣＥＰ（Regional Comprehensive Economic Partnership Agreement、東アジア地域包括的経済連携の略称）に加盟しました。しばしばＲＣＥＰはＴＰＰと比較されているので、違いを簡単にまとめてみたいと思います。

１点目は参加国とその地域性です。ＲＣＥＰは東アジア＋東南アジアの地理的なつながりの深いコミュニティですが、TPPは太平洋を挟んでアメリカ（トランプ政権下で離脱）・カナダ・メキシコなど、東南アジア＋南北アメリカ大陸で構成されており、RCEPと比べれば地理的に離れています。

2点目は経済規模です。アメリカがTPPから離脱したこともあり、TPPの経済規模は縮小、現在、RCEPはTPPよりも、加盟国合算の経済規模が大きく（世界のGDPの約3割）、そのため今後、RCEPは大きな発言権を持つコミュニティとなることが予測されます。

3点目が国有企業の活動制限です。RCEPには国有企業の活動制限条項は設けられていませんが、TPPには国有企業の活動制限条項が含まれています。具体的にはTPP第17章全体が国有企業および指定独占企業に関する規定となっていますが、その6条で「いずれの締約国も、自国の国有企業に対して非商業的な援助によって、直接または間接に提供する商品またはサービスの提供に関して、他の締約国の利益に悪影響を及ぼしてはならない」と規定しています。

しかし中国には幅広く国有企業や準国有企業が存在しており、しかもその線引きは曖昧です。具体的には中国半導体の雄SMIC（Semiconductor Manufacturing International

Corporation）は民間企業ですが、最大株主は国有のファンドであり、その資金供給は非商業的な援助とも映ります。つまり、第17章の規定を中国が順守することは難しいのではないか、したがってTPPへの参加は、中国にとって極めてハードルが高いのではないかと推測します。

またRCEPは日本と地理的に近い加盟国が多いことから、日本の輸出に占めるRCEP地域割合は日本政府まとめによると2019年時点で43％、輸入に占めるRCEP地域割合は50％と大きく、TPPと比較して、日本にとってより経済的なインパクトの大きい協定となります。特に日本以外の14か国に対して、平均して92％の品目の関税撤廃を勝ち取ったことは日本の経済活動を後押しするとみて間違いないです。

内訳を見ていくと、日本は工業製品全体の98・6％の項目の関税を撤廃しますが、一方で中国は工業製品全体の86・3％の項目の関税を撤廃するにとどまります。日本の高い関税撤廃率は、工業製品の国際競争力があることの証左でもありますが、中国の関税撤廃率は15か国中、14番目（15番目はカンボジア）であり、中国の自国産業保護の姿勢は依然として鮮明であることが見てとれます。

中国の広大なマーケットにアクセスしたいのであれば、他国は不利な条件を呑まなくてはならない、また技術移転の心配に頭を悩ませる必要があるという点は中国進出の大きな悩みのタネですが、それでも中国は14億人という巨大な消費者を抱える魅惑のマーケットに変わりはなく、他国は踏み込まざるを得ないという状況を作り出した中国のビジネスセンスがアジアで特に長けていることは認めざるを得ない点です。

一方で合意内容から、中国側も対日貿易に大きく踏み込んできたと判断しています。今回、中国の対日無税品目の割合は8％→86％へと上昇することになります。また韓国も対日無税品目の割合は19％→92％へと上昇させます。無論日本の関税撤廃割合はそれよりも大きいわけですから、そこには製品の国際競争力の差が反映されていると思いますが、逆説的にはこれだけ関税を撤廃しても日本との経済連携を強めたい意向があるのだと思います。これは米中対立による漁夫の利とも言えるのではないでしょうか。

2019年の話ですが私はビジネススクールのプログラムの一環で、インドネシアはジャカルタのASEAN（The Association of Southeast Asian Nations、東南アジア諸国連合）本部にお邪魔しました。とても印象的だったのが、One Vision, One Identity, One CommunityというASEAN創設の理念を力強く語ってくれたことです。アジアは一つ一つの国は小さいから、力を合わせて大国に対応する必要がある、そういうことをおっしゃっていました。

RCEPの署名について、大枠を設計して提案した日本と中国はもちろんですが、ASEANが果たした役割も大きかったのではないかと思います。RCEPプロジェクトを推進し、インドこそ離脱したものの、日中韓豪＋NZの利害を調整し、無事に署名に漕ぎつけたのはASEANの知見があってこそだと思います。

それからASEAN10か国に加えて、豪＋NZが、そして政治的なわだかまりを抱える日中韓が、手を取り合ったことは、世界がアメリカの一極体制から、中国の台頭を受けて、より地域性および経済合理性が重視され、多極化していくように映ります。

日本がアジアに対して影響力をさらに拡大させていくことは今後の日本の経済発展のためにも非常に重要ですから、暗いニュースが多い中で、非常に明るい材料の一つと感じています。

中国はさらにEUとの関係を強化したい意向

中国とEUの関係についても言及します。

中国とEUの間で2020年末に「中欧投資協定」と呼ばれる協定の基本合意がなされ

ました。

２０１２年に交渉が開始された「ＲＣＥＰ」、２０１３年に交渉が開始された「中欧投資協定」が、２０２０年にそれぞれ基本合意した点がポイントです。つまり日本や欧州は、早くから、中国の市場開放を求めて高次元での協力を要請していたのですが、競争力のある先進国企業が入ってくると、中国の国内企業が競争で勝てない可能性が高まるため、国内企業に配慮し、結論を先延ばしにしていました。しかし米中対立の影響で、中国は日本と欧州を味方につける必要性が高まったので、やむなく欧州の意向を汲んで２０２０年末の妥結を目指しました。

中国の公式声明によれば、あくまでＥＵと中国がｗｉｎ－ｗｉｎの関係を構築するために必要な協定であると強調されていますが、ＥＵ側の公式声明によれば、ＥＵが中国から大幅な譲歩を取り付けたと記載されています。ここから、おそらくは、中国がＥＵに大きく配慮した形の協定になったものと推測されます。なお詳細はこれから詰めていくようですが、簡単に概要について説明します。

一つ目が投資における業種制限の解除、大幅な資本制限の開放です。過去のＥＵから中国への投資の50％以上は、製造業に対するものです。ＥＵ側の発表によれば、今回の協定で、ＥＵは「中国の製造パートナー」として認められ、「前例にない譲歩」があったと強調しています。特に自動車産業、交通インフラ・医療機器・化学など、ＥＵが得意な分野で大幅な譲歩を取り付けているようです。

またサービス業においては、金融を中心に、海運業、環境、コンピューター、プライベート医療（訪問・オンライン診察）分野での協力を積極的に行うことが示されています。

二つ目が国有企業問題への対応です。中国には国有企業が多数存在しますが、国有企業は、国から支援を受ける可能性が高いので、民間企業と比べると競争を有利に進めることが可能で、ドイツやフランスなどの海外企業は、中国内で、中国の国有企業と競争を行わなくてはならないため、厳しい競争環境にさらされています。そこで今回の投資協定では、中国国有企業への技術移転や、補助金ルールの明確化などを厳しく制限し、より透明な情報のやり取りが行われるよう設計されているようです。これも中国側の大きな譲歩と言えるでしょう。

こうした盛り上がりをみせていた中欧投資協定ですが、新疆ウイグル自治区の人権問題をめぐりＥＵ側が反発、２０２２年５月の執筆時点においていまだ署名はなされていません。

２０２２年４月に国際労働機関（ＩＬＯ：International Labour Organization）が１９５７年に採択した「強制労働廃止条約」の批准を中国が全国人民代表大会において決定したことから、この協定の妥結に向けて中国が再び動き出していると言われています。

中国はＲＣＥＰ＋中欧投資協定＋ＴＰＰを本気で狙う

ＲＣＥＰは国有企業に関する規定が緩いので、ある意味、中国に配慮された協定と言えます。しかし、中欧投資協定では国有企業への対応に対して、新たな、よりクリアな線引きが行われました。

つまり、国有企業への対応がネックで日本側の検討が進んでいない、中国のＴＰＰ加盟ですが、中国が国有企業改革を進めることで、本当にＴＰＰに加盟できる可能性が浮上しているということです。既にイギリスが楔を打ち込んでいるのでそう簡単には進まないと思いますが、もしアメリカがゴタゴタを繰り広げる中で、中国が先に国有企業問題を乗り越えＴＰＰへの加盟を果たした場合、世界の構図が大きく変わることになります。

おそらく中国政府は、ＲＣＥＰ＋中欧投資協定＋ＴＰＰを本気で目指しています。そう考えると、中国で国有企業が社債デフォルトを起こしているのに中国政府がそれを救済しないのは、敢えて国有企業の膿《うみ》だしをして、欧州や日本にアピールしているようにも見えてきます。

中国では大きな会社には必ず党員が所属していますので、必ずしも国との資本関係がなくても、党の監視が企業に行き届いていると考えられています。ですから中国政府は国有企業でなくとも、つまり国の資本が入っていなくても、国が企業を統治できると考えているのでしょう。そして、それを証明する、見せしめにするという考え方から、槍玉に上がったのが世界的に有名なオンライン電子商取引を手掛ける「アリババグループ」であり、また創業者で中国で有数の資産家でもある「ジャック・マー」と見ることもできます。

中国は巨大ＩＴ企業への締め付けを一層厳しくする一方で、国有企業改革を大きく進めるのかもしれません。これが今後の中国の方針と考えれば、２０２１年の中央経済工作会議（年に一度の重要経済会議）で発表された改革と開放の推進、独占禁止の強化、資本の無秩序な拡大防止も、より一段と腹落ちするものになります。

第五章

資産形成と投資について考える

資産形成の目的と考え方

ここまでウクライナ侵攻という軸で株や金利、為替、世界情勢について見てきました。本章では資産形成について言及していきます。

資産形成を目指す理由は人によってさまざまだと思います。たとえば……

- 生活に必要最低限のお金を早期に貯めたい
- 家族や自分のチャレンジに使えるお金を増やしたい
- 今よりも裕福な暮らしをしたい
- 老後のために必要な資金を貯めておきたい

こういったことが考えられます。

正直、理由はなんでも構いません。ですが、時としてお金は必要であり、そのために早い時期から手を打っておくのはよいと思います。

「老後２０００万円問題」という言葉もメディア等で大きく取り上げられ話題になりました。これは、もともとは令和元年に金融庁の金融審議会がまとめた「高齢社会における資産形成・管理」という報告書の中で用いられた言葉です。

報告では、人生１００年時代において、老後の毎月の不足額を約5万円と仮定し、定年退職後に33年間生存した場合に約２０００万円の蓄えが必要であり、それに向けて準備したほうがよいと指摘しています。

まず、資産形成を始めるにあたって、お金を貯めることが重要です。

銀行員時代、一つ上の先輩が貯蓄上手だと聞いて秘訣を教えてもらいに行ったことがあります。彼は「給与から天引きしてしまうこと」が貯めるコツであると教えてくれました。

私はそれまではなかなかお金を貯めることはできなかったのですが、その後は勤続年数によって給与が上昇していったことと、先輩の教えをすぐに実践に移したことで、徐々に貯蓄が増えました。

ほどなくして外国為替に関する部署に入り、そこから10年間ほど銀行の運用に携わったので、今でこそこうして経済や金融に関する情報を発信していますが、最初は本当にそんなレベルです。

まずは少しずつでもよいのでお金を貯めることを心がけてみるとよいでしょう。お金がある程度貯まったら、そこから資産運用に着手してみてください。

原理原則としてお金は雪だるま式に増えていく

ここから少し詳しく資産形成について考えてみます。

みなさんは投資のベンチマーク、つまり一般的な投資のリターンが年に何％程度かご存じでしょうか？

答えは＋10％前後です。

これは「Ｓ＆Ｐ５００」と呼ばれるアメリカの上場企業５００社に分散投資をした場合の配当再投資込みの年平均リターン（１９５７年〜２０２１年）＋10・67％を引用しています。もちろん過去60年と、今後の60年のパフォーマンスは異なりますので、あくまで参考までにお願いします。

では仮にみなさんの資産が毎年10％ずつ増えたとして、何年間で2倍になるかわかりま

■S&P500の値上がり率（1957~2021年、配当含まず）

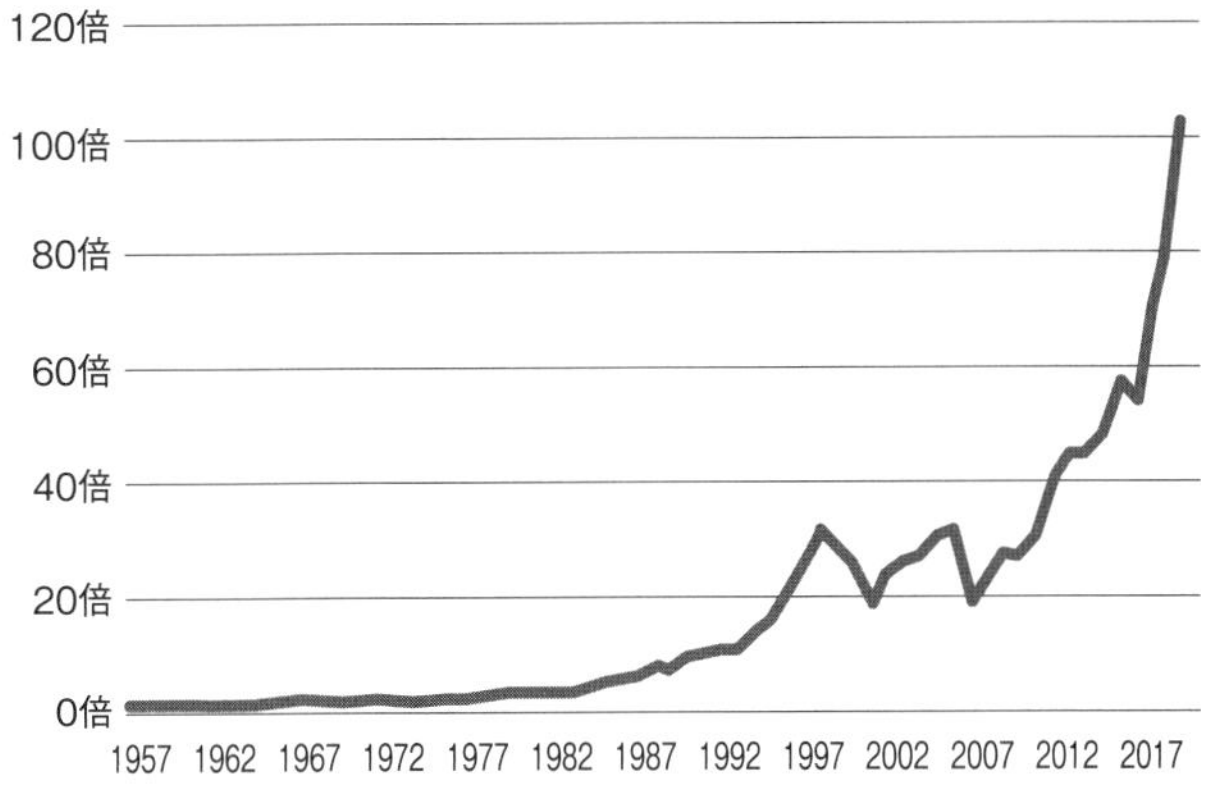

Investing.comよりデータ取得し筆者作成/2021年末までデータ

すか？

答えは７年間です。

仮に１００万円で運用を開始した場合に、７年間で２倍の２００万円、14年間で４倍の４００万円、と倍々ゲームで増えていき、49年で１・28億円に到達する見込みです。

このように資産そのものが大きくなっていくことで雪だるま式に増えていく現象を「複利」と呼びます。ようは資産が大きくなっていくことで、＋10％の重みが変わっていくことを意味します。

ですから早く始めたほうがよいということがおわかり頂けたかと思います。

なんだ、じゃあもう僕は、私は遅いのかと思った方もいるかもしれません。ですが今は人生100年時代と呼ばれるように、長生きする可能性が高まっていますので、遅すぎるということはありません。

ですが早く始めたほうがよい、この結論は絶対に変わりません。これが投資の原理原則になります。

年代別に理想的な資産形成のあり方

私が10代～20代の方にお伝えしたいことは、資産形成も大切ですが、それよりも自己投資を思い切ってやってみることをおススメしたいです。それは決して有名な企業の良いポジションで働いてくださいということではなくて、とにかく自分の興味があることに熱中して、勉強して経験してみるということです。

私はお恥ずかしながら20代の前半までほとんど勉強したことがありませんでした。25歳の頃に外国為替の世界に飛び込み、そこからようやく興味を持って勉強を始めました。

会社の仕事も忙しかったですが、合間を縫って英語の勉強をして中国で経営大学院に通ったり、海外30か国程度に足を運んだりしました。それでも、もっと早くに色々なことにチャレンジしておけば、より早くに色々な道が自分の前に広がっていたと思います。

歳を重ねると、人によっては新しい家族ができて、子供が生まれて、また会社ではポジションが少しずつ上がっていきますので、ことさらに忙しくなると思います。私は今37歳で本書を執筆していますが、かなり体力の衰えを感じています。おそらく10年後はさらに衰えを感じていると思います。何が言いたいかというと、年を取ってからは体力も気力も徐々に減少していく傾向があるので、やりたいことにはとにかく早くチャレンジして、挑戦して、失敗して、経験していくのがよいと思います。

今にして思うと、海外ＭＢＡは高額な負担だったなとか、英語塾にはお金を掛けたなとか、あの時は上司に生意気言ってマズイことをしたなとか色々ありますけれども、やっぱり一歩を踏み出すことが大事で、それによって人生は変わっていくと思います。

そういう意味でいま、世の中では資産形成ブームと言いますか、資産形成をやらないとダメだといった雰囲気が形成されていてそれはそれでよいと思うのですが、まずは特に新人の頃は地に足をつけて、自分が成長するために目の前の仕事に取り組むとか、積極的にチャンスをつかみに行くとか、そういったことをやっていけばよいと思います。

これは稀代の投資家、ウォーレン・バフェット氏もよく言うことで、若いうちは自己投資こそが最大の投資であると述べています。若いうちは体力も、気力もありますし、しいて言えばお金はないかもしれませんが、自己投資には奮発してください。

30歳～50歳では、なるべく資産形成を始めたほうがよいと思います。ある程度、自分の進むべき道も決まってくる頃だと思いますし、家族や親族のことで何かと金銭的な負担も増えてくると思うので、その足しにしていくという考え方がよいです。

私自身は外国為替が専門なので、特にFXを中心に取引していますが、一般的には資産形成の代表格はリスクを分散させた株式市場への「インデックス投資」です。中でもドルの基軸通貨制や、強い経済成長力を考えるといまのところは米国株式市場への投資が最も見込みがあると思います。

S&P500やNASDAQ100など代表的なアメリカのインデックスに連動する投資信託を始めるのが最初の一歩でよいと思います。

そのうえで、それだけでは飽きてしまうとか、物足りない方は、外国通貨を運用に加えればよいと思います。メリットは円安のリスクを機動的にヘッジできることです。

円が安くなっていく可能性が強いと思う方、それから自分の資産が円だけで不安に感じる人は、外貨預金やFX積立を行うとよいでしょう。金融マーケットを肌で感じてみたい方には外国為替証拠金取引（FX）をおススメします。

外国為替はその性質が国であることから、世界情勢を肌で感じるのに最適なプロダクトです。私自身、外国為替と出会わなければきっとここまで世界の情勢に興味を持たなかったと思います。

私は「為替から世界を学ぶ」というコンセプトで個人投資家向けの情報発信をしていますが、このコンセプトには特に30代～60代の方で共感してくださる方が多いです。

プロと一緒に楽しんで学ぶ、学ぶから地力がつく、ニュースや世界情勢がわかるようになる、外国に詳しくなるから旅行の楽しみも増える、教養が身につき深みのある人に、人生も、金銭的にも豊かな人に、こういったことをモットーに活動しています。

60代より上の方も、人生は100年時代ですから投資を始めるにしても決して遅くない。順番は一緒で米国株式や外貨取引などを取り入れればよいです。

一方で使うべきものやイベントには、思い切ってお金を使ってください。残念ながらお金は墓場までは持っていけません。

資産形成の極意

　無理のない資産形成を始めるには毎月の収入が安定的にプラスになっているか、または大きめの元本を保有していることが望ましいです。この二つの条件のいずれも満たさない場合においては自己投資（スキルアップ）や副業を通じた収入の向上を目指したほうがよいと思います。

　もちろん人によって収入も違いますし、また状況もばらばらです。これが絶対に正解ということは世の中にはありませんので、みなさんにとってバランスの良い資産形成ができればそれが一番よいのです。

　一方でお金は使うためにあります。ですからご自身や、家族の夢を叶えるために使える機会があるのであれば、いつまでも投資をしても仕方がないということもあります。ぜひ自分や家族の夢のためにお金を使う機会を探してみてください。

　それからご子息へ相続をしたいなら、早いほうがよいでしょう。お金には時間的な価値もあり、特に若ければ若いほどに色々なチャレンジができますから、生前の贈与も検討してよいと思います。

それから資産形成と併せて自分の身体への投資も始めたほうがよいと思います（ヨガ・ランニング・歩行・水泳などなど）。金融相場に一喜一憂するのも楽しいですが、併せて、自己投資（身体と頭）と、長い目線での運用を心がけましょう。

投資対象は目で見て確認しよう

次に投資家視点で伸びそうな国や地域を考えていきたいと思います。なお私は為替が生業ですので、ミクロの話ではなく、よりマクロ的な視点で考えていきます。一方でミクロの視点はとても大事だと考えていまして、自分自身の専門領域ではないのですが、なるべく現地に足を運んで確認するようにしています。百聞は一見に如かずと言いますが、現地を見ることで見えないことが見えることもあるからです。

たとえば2010年と2016年に中国に足を運んだ時に、この国の成長はきっと私たちの想像を超えるものになると感じましたし、2018年にイスラエルに足を運んだ時も同様の感覚を得ました。

一方で2019年にトルコや南ア、ギリシャに足を運んだ時は、たしかに経済的なポテンシャルを感じたものの、本当にこの国に投資をしても大丈夫か、と不安に思うようなこともありました。特に南アでは歩いているだけで身の毛がよだつような雰囲気の場所もありました。

銀行員時代に学んだのですが、銀行は大きな投資を決める時には必ず現地を確認します。銀行だけではなく、これは投資の基本かもしれません。

ようは自分が知っているもの、見ているモノの中で投資先を決めるということです。もちろん、大きく成長する分野というのは得てして自分の知らないモノやサービスだったりもするのですが、それは自分の勉強不足として受け入れ、割り切りましょう。知っているモノへの投資のほうが勝ちやすいと思います。

新型コロナの感染拡大が落ち着いてきて、徐々に海外への渡航も可能になりつつあります。百聞は一見に如かず、ぜひ一度、興味がある国へと足を運んでみてください。

地政学的にインドに大きなチャンス

今後の世界で特に注目を集めるのはインドと考えます。アメリカと中国の経済力が拮抗していき、EUとロシアの関係が悪化する中で、どこからも必要とされるのがインドだからです。

さらに言えばインドの経済的なポテンシャルが非常に大きいことも重要な要素です。アメリカ、EU、中国、ロシア、そしてもう一つの極はインドになることは間違いないと見ています。

そういった前提を踏まえて、これから投資すべき地域として最も面白そうなのはインドです。本書を執筆していてもインドの経済的、政治的な重要度は増していくばかりだと感じています。

とはいえインドはとても大きな国でもあります。北部のデリーと中西部のムンバイでは雰囲気が異なりますし、南部のバンガロールもまたしかりです。

ここでは私が経営大学院に通っている2018年に、プログラムでインド経営大学院を訪れた時に肌で感じたことをご紹介します。

まず第一に、インドは宗教的に多様な国です。ヒンドゥー教（インドやネパールに根付いている民族宗教）徒が多数を占めますが、他にもさまざまな宗教を信仰する人が住んでいます。

たとえば、ムンバイの海辺にある家に泊まりましたが、そこには多くのキリスト教徒が住んでいて、家の前には十字架が掛けられていました。それからインドのムンバイを拠点とする巨大コングロマリット（多角的な経営を志向する）企業、「タタ・グループ」に企業訪問をして話を聞きましたが、タタ・グループの創業者がゾロアスター教（古代ペルシア発祥の宗教）徒であるため、ヒンドゥー教のカースト制度（ヒンドゥー教における身分制度）を用いていません。そのため、よりフラットな組織が形成されたということです。インドは広大な一つの国ですが、インド人の宗教は同じではありません。ですからインドでビジネスを行う、または投資を行う際には、パートナーの宗教に注意を払う必要があります。

第二にインドは世界最大の民主主義国家であるということです。しばしばインドは中国と比較されますが、この点は両国におけるビジネスにおいて最も重要な違いといえます。インドには主に二つの大規模な政党があり、一つはインド人民党（Indian People's Party、ヒンドゥーナショナリズム）で、もう一つはインド国民会議（Indian National Congress、世俗主義）で、この二つの党は異なる哲学を持っています。そのため政権交代により案件が頓挫することもしばしば見られるのがインドの特徴です。

第三に、インドには大きな所得格差があり、特にマーケティングにおいてはこの事実を頭に入れて置く必要があります。国民の約85％が低所得者であるため、主に低所得者の支持を集める必要があります。たとえば、世界最大の化粧品会社であるロレアルは低所得者向けの製品の価格を下げるためにボトル・レス・シャンプーを作成し、それが上手く機能しました。他には、タタ・グループが日本のＬＣＶ（Light Commercial Vehicles、小型商用車）に対抗して修理が容易なＬＣＶを発売し成功を収めたことは有名です。インドの低所得者はデザインやブランドよりも価格に重点を置く傾向があります。

第四に、土地が政府の所有ではなく個人の所有であるため、公道の整備などインフラ面で大いに改善の余地があります。たとえばスラム地域においては複数人が同一の土地の所有権を主張することから、所有権の分配が難しく、土地の分配が進みづらいといった問題を抱えています。有名なダラビのスラム開発計画は政府の支援を受けていますが、いまだにスラム街が存在しています。

実際に足を運んで見たところ、昔の写真から何ら変わっていないように見えました。スラム街には小さな商店がたくさんあり、数え切れないほどの社会的なコミュニティが存在するため、スラム街を現代の商業ビルに変えることは困難だと感じました。また、この問題はインドの製造業に悪影響を及ぼしています。インフラの品質は製造業の成功の一因であるため、MNC（マルチ・ナショナル・カンパニー）はインドへの巨額の投資を回避してきました。したがって、中国に比べてインドの製造業は盛んでなく、これがインドの経常収支マイナスの主因となっています。

第五に、バンガロールには理系学生が多く、そのため多くのMNCが研究開発センターを設置し、結果としてグローバルな環境が構築されていることです。たとえば、アメリカのテクノロジー企業IBMはバンガロールに数千人の現地従業員を擁する研究開発センターを設置してグローバルな課題解決に努めています。また、ITコンサルティンググループをリードするインフォシスは住宅や移動の環境を整理し、全国から優秀な学生をバンガロールに呼び寄せています。またデータを用いた意思決定企業「ム・シグマ」は、インドの若い才能のある学生を採用し、グローバル企業のためのコンサルティングを行っています。バンガロールと他のインド地域、それから海外のビジネス地域との間には多くの交流があって、そのためグローバルな違いを受け入れられる土壌があると感じました。

以上が、私が当時に感じたことの要約になります。

なおインドの代表的な株価指数（インデックス）はSENSEX30です。これはインドのボンベイ証券取引所（ムンバイ）に上場する銘柄のうち、流動性や取引規模などに基づき選定された30の株式から構成されるもので先ほどお伝えしたインフォシスやタタ・グループの一部も含まれています。

一点だけ気をつけて頂きたいのは、通貨インドルピーが長年にわたって弱含んでいることです。インドは資源輸入国で、かつ製造業が弱く外貨を獲得する力が中国や日本と比べて弱いことが主因です。インドの中央銀行であるインド準備銀行にレクチャーを頂いたことがあるのですが、インドは外貨獲得が少ない、つまり経常収支が赤字であることについては、端的に言えば今の経済の弱点であるということをおっしゃっていました。

したがって仮に株価が上昇したとしても、為替で負ける可能性があります。この点はインド投資をはじめ新興国投資の落とし穴になっていますので、気をつけください。株価だけ上がっていればよいというわけではないです。

インドに興味や関心を持って頂いた方は、コロナが落ち着いたらぜひ一度、足を運んでみてください。きっとインドの勢いを肌で感じることができると思います。

中国への投資

中国に投資をする場合、私は現時点において株式よりも国債や通貨がよいと考えています。なぜならば中国は企業よりも共産党の論理を優先するからです。

中国は国策として、中国への直接投資を増やすことを掲げています。その施策の一つが「人民元の国際化」です。世界の工場としての役割が終わりに近づく中で、中国は新たな資金源を確保する必要があります。したがって、中国は基本的に海外からの投資を歓迎しています。

では世界の投資家は中国に積極的に投資をするようになるのでしょうか？　運用主体として有名なカリフォルニア州職員退職年金基金、通称「カルパース」が数年前に中国株比率を引き上げるといった話もありましたが、２０２０年の運用報告書を確認したところ運用資金のたかだか1％に過ぎません。最新の数値は確認できなかったものの、米中対立も激化していますので大幅に増えているということはないでしょう。

それもそのはず手堅い運用機関が中国株式市場に大きな投資を行うのはリスク管理上、

望ましくありません。

もともと米ＮＡＳＤＡＱに上場していた瑞幸珈琲（ラッキンコーヒー）の粉飾決算に代表されるように中国は全般に会計監査が緩いです。決算書の内容をうのみにできないとなれば、投資もおのずと手が引けてしまいます。

またアント・グループの上場延期のように、政治的な介入がいつ何時発生するかわからない政治的なリスクがあると、投資家は相当のリターンが見込めない限り、そのリスクを避けるように努めます。世界には他にも投資先があるので、わざわざ中国を選択する理由はありません。

中国株の売買については、日本の個人投資家や機関投資家の間では、香港に上場している中国株や、アメリカに上場している中国株の売買が一般的です。国家安全法の制定以来、香港株式市場は軒並み他の先進国の株式市場の運用成績を下回っています。

それでも香港株式市場に投資をしたい場合は、いわゆるチャイナリスクを差し引いても投資したくなるような高利回り、高配当の案件に限られます。とすると一部の急成長株や注目案件に限定されるわけですから、香港株式市場を通じて中国企業全体に広くお金が入るようにはならないでしょう。

それでも昨今、中国投資、中国進出へと舵を切る投資家や実業家も少なからず存在していて、彼らは自分たちのポートフォリオの中に中国投資を一部組み込むことで、今までの投資よりも高いリターンが得られる可能性があると踏んでいます。逆説的には中国ほど成長している国がない、世界的に低成長が続いていることも、中国投資に火をつける要因になっています。

では中国の成長力を取り込むにはどうしたらよいかというと、機関投資家であれば中国の国債を、個人投資家であれば通貨人民元を保有するのが望ましいです。一企業への投資は粉飾や、共産党の論理で潰されてしまうこともありますが、国債や通貨は国そのものですので、メンツにかけてもその価値を保全してきます。

したがって中国投資の一つのポイントとして、株よりも、まずは国債、通貨人民元を視野に入れるということを推します。

もちろんアント・グループのように、個別に世界的に注目を集めるような企業もありますので、そのすべてを否定するわけではないですが、一般論として、国債や通貨人民元のほうが、国の体制を考慮した時に堅実な投資ができそうだということです。

中国株とアメリカ株の違い

中国には海外との資本取引制限が設けられていますので、海外投資家の中国株投資には制限があり、一概に、中国株の人気がないということではないのですが、アメリカの株価指数よりもパフォーマンスが悪いという事実はあります。推測の話になりますが、「株主の権利」が保護されていないことも、株価が伸びにくい一因でしょう。

株主の権利とは「配当請求権」「残余財産分配請求権」「株主総会における議決権」の三つです。特に、議決権については、実質的に共産党が握っているわけですから、株主は株券を持つインセンティブが低くなります。

ですので、中国株に投資する場合には、この不利な条件を除いても、さらに大きな利益が見込める場合に限定したほうが、無難です。おそらく金融機関などの大口機関投資家が中国に投資する場合には、中国株ではなく、通貨人民元や国債を買うのがリーズナブルな判断になると思います。

円安のヘッジはどうすればよいのか？

みなさんが最も困るのは、円安で資産が目減りしていくことだと思います。そこで実際に円安対策を考えていきます。

円安の対策といっても手段はたくさんあります。不動産投資に金などのコモディティ投資、株式投資に債券投資などありますが、何と言ってもシンプルに円の安さをヘッジするなら外貨預金が最もよいでしょう。

銀行の外貨預金もよいですが、一般に預金利息はそこまで高くないので私は「ＦＸ積立」というものを使って円安をヘッジしています。まだそこまで多くの会社が提供しているサービスではないですが、いくつかの金融機関がサービスを提供しており、私は株式会社外為どっとコムの「らくらくＦＸ積立」というものを用いて取り組んでいます。

日本円の収入のうちから幾分かの円をこの積立機能を使って毎週定期的に人民元とメキシコペソに転換しています。このサービスを活用することで円安のリスクをヘッジするとともに、人民元やメキシコペソの本来高い金利メリットを享受することができます。

それからそもそも自分の金融資産の半分程度は米ドル建てで保有しています。円安は根深いと考えているので、日本円が安くなっても大丈夫なように備えているということです。単に米ドルで保有しているとリターンに妙味がないので、S&P500やNASDAQ100と呼ばれるインデックスに連動する上場投資信託に投資しています。現在の米ドル基軸通貨体制やアメリカの経済成長力を鑑みるにこれでよいと判断しています。目先は売られやすいでしょうが、資産形成としての買付と、短期的な売買は切り離して考えています。

さらに短期資金では私の生業でもあるFX（外国為替）で運用しています。もともと銀行内で外国為替ディーラーを担当していましたので、このスキルをさらに伸ばす挑戦の場としても、また金融マーケットを学び続ける場としても活用しています。

私が資産形成をしたことのない人におススメしたいのはまずは円安をヘッジしてみてはどうかということです。もちろん円高になってしまえば投資そのものからは損が出る可能性が高いですが、その際にはみなさんのたとえば持ち家であったり、家族の財産であったり、そういった一切合切は相対的に値上がりしているわけですから、トータルで考えて問題ないと考えます。そして円安になった場合にはきちんと海外資産を持っておいてよかっ

カナダ CAD/JPY	南ア ZAR/JPY	トルコ TRY/JPY	中国 CNH/JPY	メキシコ MXN/JPY	ロシア RUB/JPY
6	7	10	2	3	1
—	4	2	9	1	3
9	6	2	5	7	1
10	3	2	9	5	1
3	3	10	1	7	9
7	4	5	3	2	—
			↑		
		+	+	+	
	✓	✓	✓	✓	✓
6	9	4	1	4	—
8	8	5	1	2	—

■中長期的な視点で通貨を比較した表

		米 USD/JPY	豪 AUD/JPY	英 GBP/JPY	NZ NZD/JPY
定量	外貨を稼ぐ力（経常収支/GDP）	5	4	9	9
	引締め的かどうか（広義の流動性）	5	7	8	8
	政府債務の健全さ（政府債務/GDP）	10	4	8	8
	割安かどうか（ビッグマック指数）	8	4	7	7
	インフレ圧力（CPI）	8	2	6	6
	順位	8	1	9	9
定性	通貨覇権の主役	➡		➡	
	強い経済成長力	＋			
	政治リスク				
	順位	2	6	3	6
総合順位		4	3	7	6

※IMF、英エコノミスト誌、などから情報取得し
筆者作成/データは最新で2022年1月まで、時系列に多少ずれがあります

たとなるわけです。

ですからまずはお金を増やそうと考えるのではなく、円安をヘッジしてみようと考えると、重い腰が上がりやすくなると思います。

ここに私が直近で分析した見込みのありそうな通貨を並べておきます。投資の売買を促すためのものではなく、あくまで自分なりに分析して投資判断に活かしているものですが、もしよろしければ参考にしてみてください。

上段で定量的に外貨を稼ぐ力やその通貨が割安かどうかを判断しています。これは購買力平価やフローアプローチと呼ばれる国際収支に重きを置いた考え方です。下段では定性要因を用いて判断しています。これは通貨覇権や政治リスクなどを考慮しています。

結論として私が中長期（5年間以上の保持を前提として）で狙っていきたい通貨は①人民元、②メキシコペソ、③豪ドル、④米ドルとなります。実際に今も運用しているのは人民元とメキシコペソと米ドルです。

それぞれ一言だけコメントしていきます。人民元、すなわち中国は外貨を稼ぐ力が突出しています。世界の工場として世界中から外貨を獲得できるのが最大の強みで、まだまだ人民元高の余地は残されていると考えています。足元は米中金利差の縮小や、上海のロックダウン、民主主義陣営との対立懸念が意識され売られていますが、中長期で見ればポテンシャルは高いです。それに通貨覇権争いの中心にいるのも投資先として魅力的です。現在の人民元の国際決済比率3・2%より下がることはあまり想像できないので、今後、世の中で人民元の使用頻度が上昇すればするほどに人民元高に働きます。

次にメキシコペソですが、実はメキシコペソと人民元には共通点があります。それは国策として製造大国としての戦略をとっていることです。私は日本と中国で計750社の法人を訪問しましたが、メキシコに工場を構える企業は多かったですし、メキシコ帰りの駐在員も多かったです。ここでのポイントは、メキシコの製造業は育っており、また製造業で成功を収める国の通貨は底堅いということです。

製造大国の代表的な国は私たち日本ですよね。日本はこれまでモノを作って海外に販売して外貨を蓄えてきました。またその外貨を日本円に替えることで国内投資を活発化させてきました。したがって絶えずドル売り・円買いの取引が発生し、結果としてドル円レートは1ドル360円から100円になるまで円高が進んできたわけです。

つまり、製造大国として成功する国の通貨は、自国通貨高になりやすいということです。そしてその筆頭が中国であり、メキシコもそれに類する地域ということになります。もちろん、中国ほどの成功を収めることは困難かもしれませんが、近くに米国があり立地が良いので、不安定な中南米通貨の中ではとびきり安定しています。

メキシコは日本から見て地球の裏側ですし、したがって日本に入ってくる情報は少ないです。ですからどういったことが実際に現地で起こっているのか、その情報が不足する点は残念ながらリスクになるでしょう。私もメキシコに足を運んだことはあるものの、知らないことは山ほどあります。ですからメキシコのことを学びながら投資するつもりで始めるのが現実的かもしれません。

次に豪ドルです。オーストラリアは資源高の影響を受けて経済が非常に好調であり、2021年に過去最大の貿易黒字、過去最低の失業率水準を同時達成しています。さらに資源輸出国ですので、資源輸入国ほどはインフレ圧力が高まっていない点も中長期ではプラスに働いてくるでしょう。短期的には利上げのペースが米国と比べて遅くなることが想定されますので、やや弱含むかもしれませんが、今後2〜3年で考えれば見込みのある通貨と考えています。

最後に米ドルです。これはもう説明不要かもしれませんが、運用益のことを一切考えず単に円安をヘッジしたいのであれば真っ先に米ドルが挙げられるでしょう。なんせ世界の基軸通貨です。私も金融資産の半分はドル建てです。しかも短期的にはこれまで述べてきた通り、急ピッチの利上げや、バランスシートの縮小に動きますので、これらもドル高要因として作用してくるでしょう。

ただ中長期的な目線で見ると、円に対しては大きく上昇したとしても、たとえば人民元に対しても強含み続けるか？　というと、そこは難しいように思います。時間が経てば経つほどに、アメリカ以外の国も経済力をつけ、その過程の中でドルの基軸通貨性が少しずつ薄らいでいく可能性には十分留意しておいたほうがよいと考えます。その時間軸は世界がどう変わっていくかによるのですが、米国だけの投資を続けるリスクは、過去の数十年よりも、未来の数十年でより高まるはずです。

なお、添付の表では、ロシアルーブルについても記載しています。実はロシアルーブルは定量的な分析において10通貨のうちで最もよい数値をたたき出しています。実はロシアの外貨政策や経済政策は非常に手堅いものなのです。

私もウクライナ侵攻が始まるまでは保有していましたが、そこで一旦どうなるかわからないため手放しています。これは自分の相場観とは別で、経済制裁の影響で金融機関が銀行間取引において取引相手が見つからない可能性が高まり、十分なロシアルーブルの流動性（取引が容易に行える環境）を確保できず、日本から取引ができなくなるリスクが高まりましたので、リスクをコントロールできないという観点で手放しました。ロシアルーブルに関してはまだまだ取引を制限している金融機関が多いと思いますし、今後も取引制限が課される可能性が高いので、価格はさらに上昇するかもしれませんが、オペレーションのリスクを勘案して、少なくとも日本国内からの取引はおススメしません。

以上、少し長くなりましたが、中長期の為替相場展望についてお伝えしてきました。

これから買うべき資産

私が一番おススメしたいのは、自分の見えている領域で勝負しましょうということです。自分の知らない領域よりも知っている領域のほうがそこに勝機を見出しやすいと思います。

私はミクロの世界のことをあまりよく知りません。良くも悪くも為替を通じて世界を見てきたので、全体感はある程度理解できていると思うものの、産業の構造や、個別の事情などにはそこまで詳しくないのです。

ですから私が取引をするのはマクロ経済を反映しやすい代表的な株価指数や、ドルや人民元などの外貨が大半です。個別企業への投資はたまに考えたりもしますが、まだ一度も取引したことはありません。

インデックス投資や通貨投資を推奨しているわけではなくて、自分の特技や特性は何なのか？　そしてそれをわかったうえで、私の場合には大きな対象物に投資をしたほうがよいと考えています。

たとえば、医療関係の仕事に従事していればその領域については他の人よりも詳しいでしょうから、そこに一日の長があるということです。もちろんインサイダー情報と呼ばれる内部情報をもとに取引をしてはアウトですが、それを伝えたいのではなくて、知っているもの、見えているものに投資をしようということです。

私の場合、アメリカへの株式投資（現金を活用した資産形成）は今後も続けるつもりです。アメリカはその基軸通貨性からドルが国内に還流しやすい制度を整えており、また株主への権利保護が充実していることが大きな理由です。また破壊的なイノベーションを生み出す企業が続々と出てきて、母国語である英語ですぐに海外展開できることも大きな強みでしょう。

これ以外に資産を配分するとしたらイスラエルを検討します。

通貨も強含んでいますし、英語が通じ、グローバルに展開する企業が多いからです。またスタートアップに続々とチャレンジする国民性も魅力で、頭の回転が速い人が多いのも魅力な点です。

その次にインドでしょう。ですがインドの場合は通貨が弱いのと、ここは日本も含めてアジア全域の弱みでもありますが効率的な資本市場と言いますか、そもそも資本主義が骨の髄までは染みわたっていないので、そう考えるとイスラエルのほうが高パフォーマンスを発揮する気がします。

本文で何度も出てきたトルコですが、それでも私が投資することはないと思います。そもそもイスラム圏の国は経済成長しにくい印象がありますし、エルドアン大統領がインフレを抑制する意向がないので、リスクはかなり高いです。トルコは長年インフレと、それを抑えるための高金利に悩まされているのですが、その理由は国内の産業の競争力が弱いからにほかなりません。政治的な重要性と経済成長のポテンシャルがあることに疑いの余地はないですが、投資先としてどうかというと、現時点では私の選択肢に入りません。

金融商品と投資対象の分類とリスクリターンの関係について図にまとめましたので、投資や資産形成の参考にしてください。

■金融商品の分類

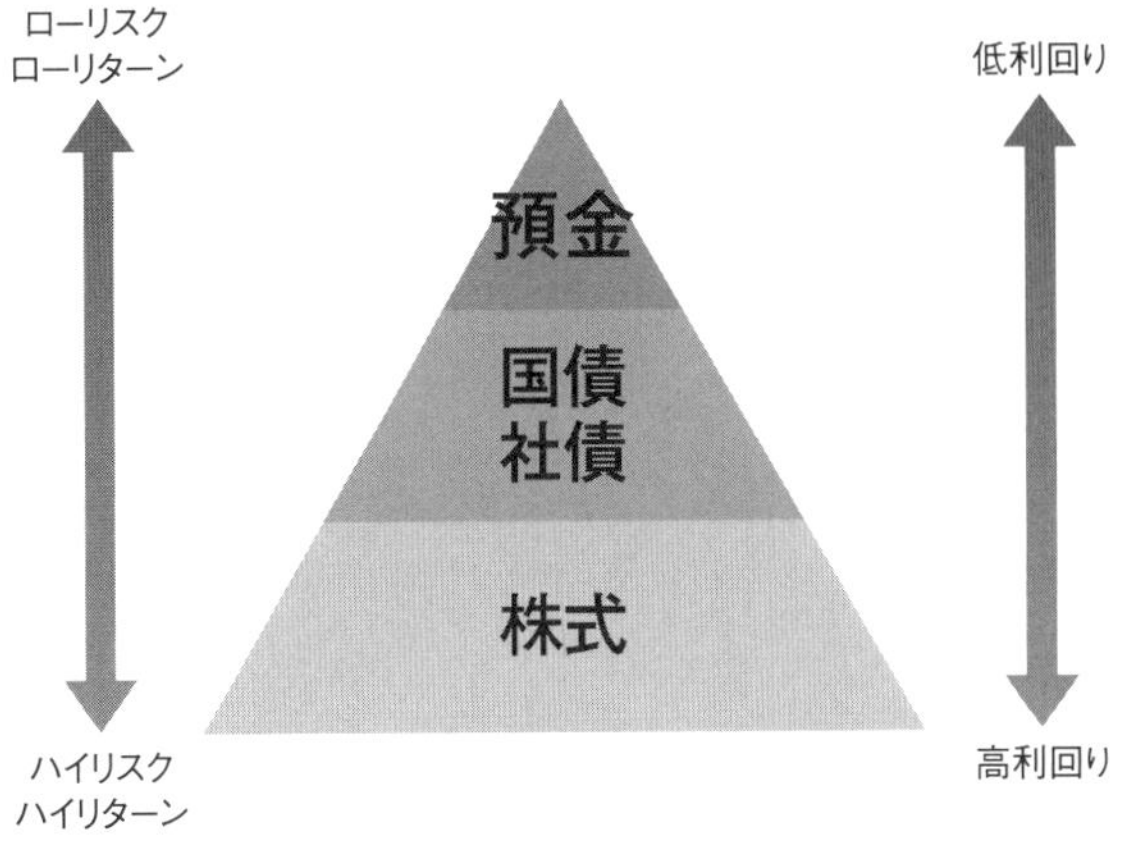

■投資対象の分類

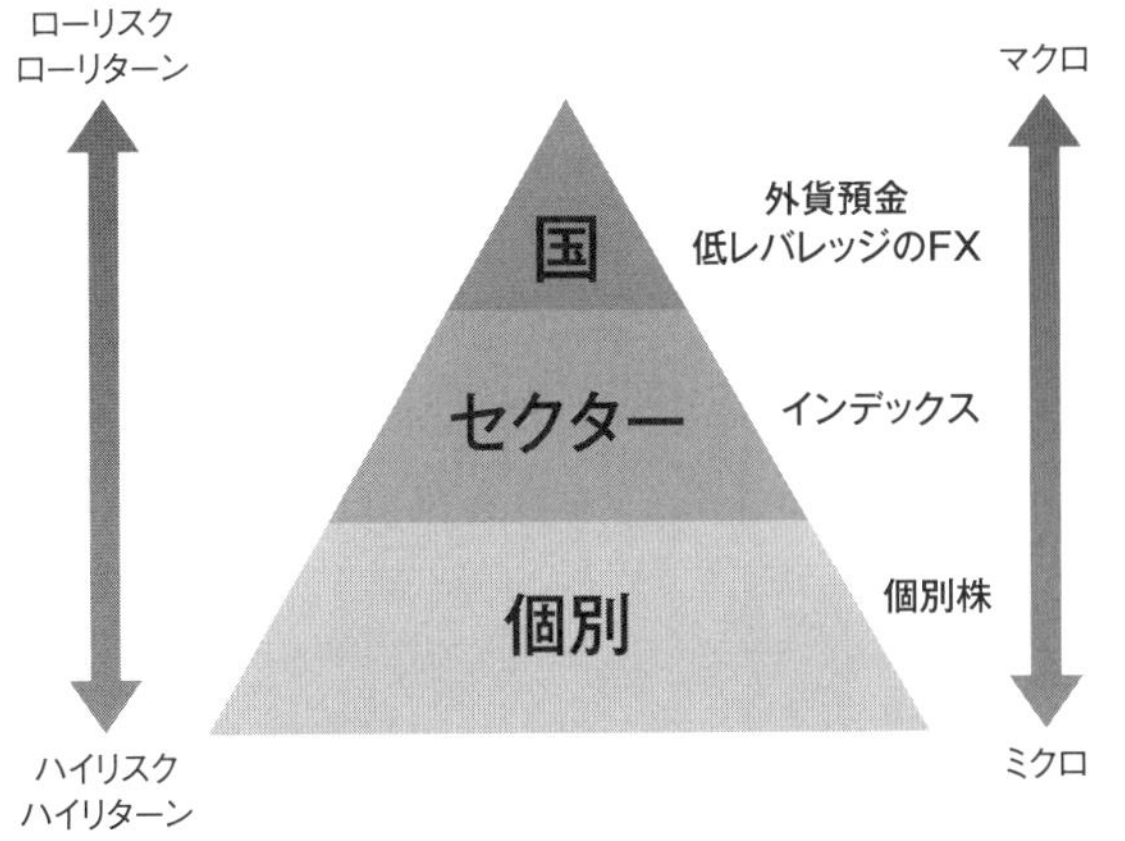

筆者作成

エピローグ

最後まで読んで頂きありがとうございます。

本書の隠れたテーマとも言うべく、みなさんに特にお伝えしたかった点は「円安の理由と、その影響」です。2022年に入って130円台まで円安が進行したことで、さまざまな個人や企業に影響がでており、現在も多くの方からご相談を受けます。

どうしたら中長期的に円の価値が強くなるのか？　私なりに考えてみましたが、やはり円の価値を強くするには日本の経済を強くするほかにありません。

ではどうしたら日本の経済が強くなるのか？　それには、まず、世界で成長している国の方策に目を向ける必要があると思います。

世界目線と言うと英語力を養うことにフォーカスが当たりやすいものです。しかし、それと同時に、海外との交流を増やし、海外から様々な物事の見方や考え方を学び、失敗を恐れずにチャレンジする土壌を作ることが大切だと思います。

私は英語学習や海外旅行、海外でのＭＢＡ取得、起業経験などを通じて異国の文化に触れてきました。当初は井の中の蛙でしたので、ずっと日本人は優秀だと思っていましたし、ＭＢＡ在学中もそのようにクラスメイトに伝えてきました。ですが実は今、その考えが自分の中で揺らぎ始めています。

まず根性、やり切る力においては海外の新興国に遠く及ばないと思います。たとえば中国では、総じて仕事は荒っぽく、仕上がりも雑な印象ですが、市井の人たちが徹夜も厭わずして成果物を作るようなことはめずらしくありません。一生懸命働いて、美味しいご飯を食べて、贅沢をする……至ってシンプルなことが原動力だと思うのですが、ハングリー精神のようなものが今の日本人と全く異なると感じます。

また、日々のＳＮＳなどによる情報発信を通じて感じることは、過度にわかりやすい情報が増え、日本人全体の思考能力が低下しているのではないかということです。時間がない現代人に手っ取り早く訴求しようと情報が簡素化、ビジュアル化し過ぎていると思います。こういったことも結果として国民全体の基礎体力不足につながっているように思います。

情報が整理されていてわかりやすいことと、簡単であることは違います。これは私がＭ

BA在学中にフランス人の講師から指摘されたことでもありますが、まさにそうだなと感じることが増えました。過度にビジュアル化された情報を見て、わかったつもりになったところで、実際には何も得ていないです。

さらに、学術的な面では、日本人の論文数が少ない、修士・博士の取得率が低いといったことも問題です。私が肌感覚として感じるのは「海外に対する無知・無関心が生む、根拠のない日本人優秀説」「ハングリー精神の欠如」「情報の過度な簡素化による思考能力の低下」の三点です。これには、日々の情報発信の仕事を通じて、自らも改善に貢献していきたいと考えています。

日頃から自身にも言い聞かせているのですが、物事は〝言うは易し、行うは難し〟です。本書もまさにそうなのですが、偉そうに言うだけなら誰でもできます。

日本はいまさまざまな面において「改革」が必要であり、それを成し遂げるためには尻に火をつける必要があります。私自身も、そして本書を読んでモチベーションに火がついた人も、一緒に日本を盛り上げていきましょう。

本書の執筆に際しまして株式会社外為どっとコム総合研究所より情報提供を頂いており

ます。また同社との業務連携を通じて蓄積した情報が大いに役立ちました。高橋進吾取締役をはじめ、同社のみなさまに厚く御礼申し上げます。

また株式会社扶桑社の担当編集者には執筆に関するアドバイスを頂き、また同社の関連部署の方々のご協力のもと、こうして出版の運びとなりました。厚く御礼を申し上げます。

新型コロナウイルスの影響や、資源高、インフレ、円安、株安と世の中が不安定な状況のもと、本書が読者のみなさんの投資や生活、実業の考え方の一つの参考と解決のきっかけになることを切に願っております。

私はご縁を大切にしたいと考えています。みなさんとも、いつかどこかでお会いできることを心から楽しみにしています。

〈参考文献〉

※基本的に本文中に記載しています。

※時事に関しては日本経済新聞社やＮＨＫを参考にしています。

戸田裕大（とだ・ゆうだい）
株式会社トレジャリー・パートナーズ代表取締役。2007年、中央大学法学部卒業後、三井住友銀行へ入行。10年間、外国為替業務を担当する中で、ボードディーラーとして数十億ドル/日の取引を執行するとともに、日本のグローバル企業300社、在中国のグローバル企業450社の為替リスク管理に対する支援を実施。2019年9月、CEIBS（China Europe International Business School）にて経営学修士を取得。現在は法人向けに、トレジャリー業務（為替・金利）に関するコンサルティング業務を提供するかたわら、為替相場講演会に多数、登壇している。
著書に『米中金融戦争―香港情勢と通貨覇権争いの行方』（小社刊／2020年）がある。

扶桑社新書　436

ウクライナ侵攻後の世界経済
インフレと金融マーケットの行方

発行日 2022年7月1日　初版第1刷発行

著　　者………戸田裕大
発 行 者………小池英彦
発 行 所………株式会社　扶桑社
〒105-8070
東京都港区芝浦1-1-1　浜松町ビルディング
電話　03-6368-8870（編集）
　　　03-6368-8891（郵便室）
www.fusosha.co.jp

印刷・製本………株式会社広済堂ネクスト

定価はカバーに表示してあります。
造本には十分注意しておりますが、落丁・乱丁（本のページの抜け落ちや順序の間違い）の場合は、小社郵便室宛にお送りください。送料は小社負担でお取り替えいたします（古書店で購入したものについては、お取り替えできません）。
なお、本書のコピー、スキャン、デジタル化等の無断複製は著作権法上の例外を除き禁じられています。本書を代行業者等の第三者に依頼してスキャンやデジタル化することは、たとえ個人や家庭内での利用でも著作権法違反です。

© Yudai Toda 2022
Printed in Japan　ISBN 978-4-594-09219-1